好妈妈要懂的
教子心理学

宗 远◎编著

中国纺织出版社有限公司

内 容 提 要

作为母亲，我们都爱孩子，且希望孩子能够拥有一个无比顺利、无比灿烂的未来。但在教育孩子的过程中，我们如果不掌握一些打开孩子心门的心理学方法，那便很容易陷入费尽心力却教不好孩子的教育困境。为此，妈妈们应该学一点儿教子心理学并用心教育孩子。

本书从心理学的角度，针对日常生活中很多父母遇到的教育难题提出了具体的解决方案，从而让父母掌握一些心理学知识并学以致用。长此以往，相信你一定能教育出心理健康、爱学习、会学习、积极阳光的孩子。

图书在版编目（CIP）数据

好妈妈要懂的教子心理学 / 宗远编著. --北京：中国纺织出版社有限公司，2024.4
ISBN 978-7-5229-1648-4

Ⅰ．①好… Ⅱ．①宗… Ⅲ．①家庭教育—教育心理学 Ⅳ．①G780

中国国家版本馆CIP数据核字（2024）第070827号

责任编辑：刘桐妍　　责任校对：高　涵　　责任印制：储志伟

中国纺织出版社有限公司出版发行
地址：北京市朝阳区百子湾东里A407号楼　邮政编码：100124
销售电话：010—67004422　传真：010—87155801
http://www.c-textilep.com
中国纺织出版社天猫旗舰店
官方微博 http://weibo.com/2119887771
鸿博睿特（天津）印刷科技有限公司印刷　各地新华书店经销
2024年4月第1版第1次印刷
开本：710×1000　1/16　印张：12
字数：137千字　定价：49.80元

凡购本书，如有缺页、倒页、脱页，由本社图书营销中心调换

前言

人们常说:"可怜天下父母心。"为人父母,都爱自己的孩子,而且常常将对孩子满腔的爱化作热切的期望——孩子能够拥有一个无比顺利、无比灿烂的未来。而现代社会,大部分父母都只有一个孩子,孩子成功了就意味着百分之百的成功,而失败了就意味着百分之百的失败,父母输不起。所以父母"望子成龙""望女成凤"的愿望比任何时候都更为迫切,而与之相对应的是父母对孩子的规划越来越多,甚至连日常生活都要严加管理,时时刻刻地看管、监视和提防,这使父母自己耗尽时间、心劲儿和精力,可事实上,他们并没有培养出真正出类拔萃的孩子。

或许,家长可以尝试回想一下自己对子女的教导,是否有过这样的情景:你为孩子创造了最好的学习条件,可孩子就是不争气,总是考不好;你希望孩子能听话,但孩子就是懒惰、不勤奋;孩子犯了错,你原本想和他好好谈谈,但你一开口,孩子就顶撞你……你不明白,孩子到底心里想的是什么?你发出这样的感叹:到底什么样的教育才是成功的?

实际上,在教育孩子的过程中,父母如果不了解孩子成长的困惑,也没有掌握一些打开孩子心门的心理学方法,那便很容易陷入费尽心力却教不好孩子的教育困境。这给我们做父母的警示是,应该学一点儿心理学了!

当然,父母需要学习的心理学知识很多,比如,孩子学习效率低怎么办?孩子为什么好动?该怎么引导孩子?孩子自控能力差……在孩子成长的过程中,他们遇到的问题太多了,作为父母的我们,如果能多掌握一些心理学知识，就能成为孩子成长的导师，帮助他们顺利解决遇到的种种困惑。

总之，家庭教育不是一门简单的学问，家庭教育的关键在家长，家长的方法和态度直接决定了能否和孩子融洽相处，能否使孩子顺利、健康、快乐地成长。而本书就是这样一本教子指导手册，它从教育心理学的专业角度入手，分为上下两篇，用深入浅出的语言引导妈妈们"了解孩子心理发展特点""掌握帮助孩子的心理教育方法"，并将其运用到具体的教育活动中，为广大的妈妈们在教育孩子这一问题上给予指导，从而让各位妈妈从中得到最直接的建议和帮助，培养出优秀、健康和阳光的好孩子。

编著者

2023年12月

目录

上篇　家庭教育中的心理良策

第1章　好妈妈与孩子平等交流，让孩子健康成长

给足孩子信任，孩子才会自信起来　　003
与"隔壁家"的孩子作比较，是对孩子最大的伤害　　005
爱孩子，就要"放手"让孩子自由成长　　007
放下"家长"的架子，与孩子平等交流　　009
父母爱面子，孩子也一样　　010
顺应孩子的成长特点，激发并满足孩子的好奇心　　012

第2章　好妈妈懂点儿性格心理学，从小塑造孩子的好性格

攀比心理：如何帮孩子摆脱虚荣心　　015
孩子的好性格一定要从小塑造　　018
选用正确的方法，培养孩子的责任感　　020
时刻关注孩子的情绪，培养其乐观的心态　　023
孩子"挫折教育"必不可少　　026
勤俭节约的美德不可丢　　028
盲从心理：孩子盲目追星怎么办　　030
让孩子正确认识"不公平"　　033

第3章 好妈妈懂点儿习惯心理学，让孩子从小学会健康生活

良好习惯是孩子一生的财富　　　　　　　　　　　　　037

好妈妈爱孩子也要为孩子立规矩　　　　　　　　　　040

好妈妈不可溺爱孩子，要让其从小学会独立　　　　　042

纠正孩子做事拖拉的不良习惯　　　　　　　　　　　045

聪明妈妈懂得保护好孩子的好奇心　　　　　　　　　047

正面标签对孩子有积极影响　　　　　　　　　　　　049

从小培养孩子的竞争意识　　　　　　　　　　　　　052

教育孩子勿以恶小而为之　　　　　　　　　　　　　054

延迟满足，培养孩子的自控能力　　　　　　　　　　056

第4章 好妈妈学点儿成长心理学，不剥夺孩子个性空间

妈妈用心呵护孩子的梦想，孩子在未来才有一飞冲天的可能　　059

不断尝试，让孩子在实践中成长　　　　　　　　　　061

教育要与时俱进，妈妈不要总以老眼光看孩子　　　　064

别让孩子成为你实现理想的工具　　　　　　　　　　066

让孩子全面发展，扬长补短更利于成长　　　　　　　069

孩子需要自由的成长空间　　　　　　　　　　　　　071

"慈母多败儿"，溺爱孩子实质是害孩子　　　　　　　074

天赋递减法则：早期教育很重要　　　　　　　　　　076

第5章 好妈妈深谙心理效应，激发孩子超强的学习潜能

德西效应：对孩子的奖励要正当　　　　　　　　　　079

高原现象：孩子陷入学习低谷怎么办　　082

登门槛效应：先对孩子提出一个他能接受的较低的目标　　084

示弱效应：向你的孩子"请教"并不丢脸　　086

感官协同效应：教孩子运用多种感官提高学习效率　　089

罗森塔尔效应：给孩子以积极的心理暗示　　091

第十名效应：不要忽视孩子的均衡发展　　094

习得性无助：学习上自卑的孩子需要你的帮助　　096

遗忘曲线：根据遗忘规律帮助孩子合理安排学习时间　　098

下篇　教子实战心理策略

第6章　好妈妈懂点儿情绪心理学，帮助孩子疏通不良情绪

孩子心情不好时，家长不要想着帮其解决　　103

引导孩子找到宣泄内心坏情绪的好方法　　105

好妈妈要让孩子明白，"勇敢的孩子也可以哭"　　107

给予积极的心理暗示，让心情低落的孩子重燃希望　　108

妈妈首先要控制情绪，谨防"坏心情"的传染　　110

引导孩子学习情绪管理，使其尽快摆脱"坏情绪"　　112

第7章　孩子的每个行为都并非空穴来风，好妈妈洞察孩子行为背后的秘密

虐待小动物的孩子是什么心理　　115

孩子内心压抑时会有什么表现　　　　　　　　　　117

孩子的淘气行为为哪般　　　　　　　　　　　　119

嫉妒是每个孩子成长过程中必然出现的心理现象　121

爱"告状"的孩子是什么心理　　　　　　　　　123

为什么一些小女孩痴迷于洋娃娃　　　　　　　　124

安静不下来的孩子，如何引导　　　　　　　　　126

孩子过分依赖妈妈正常吗　　　　　　　　　　　128

听话的孩子一定是好孩子吗　　　　　　　　　　129

第8章　爱孩子但不要溺爱孩子，好妈妈总是温和且理性

好妈妈给孩子一个拥抱，就能融化孩子心　　　　133

好妈妈要了解什么是对孩子真正的爱　　　　　　135

母爱是孩子一生的资本　　　　　　　　　　　　137

"放手"，才是真的爱孩子　　　　　　　　　　139

母爱是孩子最温暖的港湾　　　　　　　　　　　140

好妈妈要经常与孩子沟通，避免孩子出现"心理肥胖"　142

孩子的智力发展深受父母影响　　　　　　　　　144

第9章　教育中的这些心理误区，好妈妈要尽力避免

奖罚分明，让孩子有清楚的行为认知力　　　　　147

己所欲，亦勿施于人　　　　　　　　　　　　　149

父母教育孩子，方法一定要得当　　　　　　　　151

父母要信守承诺，答应孩子的就要做到　　　　　153

玩耍是孩子的天性，会玩的孩子才能健康成长　　155

好妈妈绝不剥夺孩子说话的权利　　157

妈妈要清楚地认识到自己和孩子的身份区别　　159

告别"棍棒教育"，妈妈别用家长权威压制孩子　　160

爱唠叨的妈妈要小心教育出逆反的孩子　　162

第10章　培养孩子健康心理，好妈妈要营造良性成长环境

妈妈要及时指出并消除孩子成长环境中的不良因素　　165

对孩子的期待越高，孩子就越有可能受伤害　　167

妈妈要重视环境对孩子成长的影响　　169

那些恶劣的环境会影响孩子一生　　171

尊重孩子，就要重视孩子的感受　　173

儿童认知发展过程中，遗传只是其中一项基础　　174

好妈妈要了解孩子最需要什么样的成长环境　　176

孩子喜欢以父母的行为为准则　　178

在父母总是吵架的环境下，孩子的成长会受到影响　　180

参考文献　　182

上篇 家庭教育中的心理良策

第1章　好妈妈与孩子平等交流，让孩子健康成长

很多家长教育孩子的时候喜欢控制其思想，他们觉得只要能让孩子接受自己的想法，用什么方式他们不介意，即使孩子很反感。但是现在是素质教育社会，家长在教育孩子的时候也要注重孩子的心理，和孩子平等对话，让孩子在良好的环境中成长。

给足孩子信任，孩子才会自信起来

很多父母批评孩子的初衷就是让孩子认识到自己的错误并且改正，但是多数时候，父母给孩子传递的信息是他们不相信孩子真的能把自己的错误改正了。孩子是很敏感的，他们能够明显感觉到家长不信任自己，所以不管家长批评自己多少遍，他们依然没有什么明显的改变，因为他们在家长吹毛求疵的批评和不信任中慢慢地削弱了积极性。而此时，很多家长还十分纳闷儿：自己的批评教育怎么在孩子身上不起作用？

君君上小学五年级了，君君的父母希望他可以考出好成绩以便顺利进入重点中学。然而，他的数学成绩很不错，可语文成绩一直提不上去，特别是写作文的时候，往往写几句就写不下去了。为此，君君的妈妈经常埋怨他没有想象力，语言单调乏味，还说他懒惰不肯练笔。可君君觉得自己已经很努力了，

但就是写不出来,妈妈还老埋怨他。后来,君君的爸爸决定帮助孩子提高写作水平,君君妈妈答应了,但是她心里却想:"我倒要看看你怎么提高儿子的作文水平。"

爸爸对君君说:"语文其实不可怕,对你来说学好语文是没问题的,你的理解力强,记忆力很好,又爱动脑筋,平时只要多看一些文学方面的书再练练笔,坚持下来一定会有大的成效。"君君爸爸的话起了作用,君君真的开始认真看书并时不时地把自己喜欢的句子记下来,但君君妈妈还是怀有疑问。一次,君君妈妈发现虽然书摆在君君面前,但是君君却看着天花板。君君妈妈当时被气坏了,指着君君说:"我本就不信你的作文水平能有所提高,现在果然是这样!"君君听到妈妈的话难过地低下了头,原来妈妈这样不信任自己,君君很受打击。君君爸爸见状连忙对君君说:"孩子,看书重在投入,如果手里拿着书,心里却想着其他的事情,你的作文水平怎么能提高呢?"君君过了好一会儿才说:"爸爸,对不起,我以后看书再也不三心二意了,你相信我,好吗?"君君爸爸温和地说:"我相信你。"听到爸爸这样说,君君立马恢复了生气。

其实,家长在教育孩子的时候不要总想着批评孩子,总挑孩子的缺点,要多给孩子一些信任,求全责备不仅难以使批评奏效,反而会打击孩子的自信心,使父母和孩子产生矛盾。孩子是经不起挑剔的,父母越是挑孩子的不足,批评孩子的不对,孩子就越觉得自己不行,逐渐丧失自信心。

> **心理小贴士**
>
> 家长在责备和训斥孩子的时候就会发现孩子什么都不行、什么都不好,这不仅是对家长的消极暗示,也是对孩子的消极暗示,在这种消极的暗示中孩子自然不会有改正错误的积极性。

> 家长在教育孩子的时候一定要信任孩子，哪怕批评孩子的时候也要向孩子传递自己相信孩子的想法，让孩子不断地进步，逐渐地变得自信起来。

与"隔壁家"的孩子作比较，是对孩子最大的伤害

我们的性别从一出生就是既定的，谁也没办法选择。我们唯一能做的就是喜欢上自己的性别，然后快乐地生活，大人如此，小孩也一样。有些男孩子在学习或者生活中经常调皮捣蛋，家长就会批评他没有隔壁邻居家女孩乖巧、听话和懂事。如果是女孩子为了一件小事哭鼻子，家长就会说她不如隔壁家小男孩坚强勇敢。家长在教育孩子的时候总会凭空想出许多"隔壁家"的孩子，可能家长的意图只是想激励自己的孩子，让他们变得更加优秀。但是，家长不知道，每当自己这么说的时候，孩子们往往会有这样的想法：父母是不是讨厌自己了，自己哪里做得不好，为什么"隔壁家"的孩子总是比自己优秀？长此以往，他们会逐渐失去信心，甚至会怀疑自己的性别：是不是妈妈更喜欢男孩才一直觉得我不够好？是不是妈妈更喜欢女孩才一直说我不如"隔壁家"的那个小女孩？

小乐是一个调皮的小男孩，有时他的父母对于他的一些行为很是头疼。他不是把邻居家的玻璃打破了，就是欺负同班同学。老师时不时地找小乐的家长开"小会"。每次开完"小会"，妈妈回家后都会跟小乐说："你看看隔壁家的月月，不仅乖巧听话，学习成绩还好，我怎么就生了你这么一个捣蛋鬼，

你要是个女儿就好了,人家都说女儿是妈妈的小棉袄。"小乐妈妈每次都会重复这句话。她的本意是用编造的小女孩来激励小乐,让他改掉自己身上的毛病,但是时间久了,小乐妈妈发现他变得闷闷不乐,做什么都没有兴趣,而且也没了以往的自信,甚至开始讨厌自己。

其实,孩子的思想是很简单的,他们会很天真地把父母的玩笑当真。孩子犯错了,父母总是压不住心中的火气,把孩子贬得一文不值,时间长了,孩子便觉得自己就如父母所说的那样,一无是处。虽然他们当时说的话未必是发自内心的,但事后,他们又觉得对待不听话的孩子就要这样,因为玉不琢,不成器。其实,家长的这种想法是不对的,因为孩子最信任的就是自己的父母,虽然很多时候,孩子并不理解父母的想法。

父母在批评孩子之前一定要三思,孩子的思维还处在发展阶段,他们需要父母正确地引导,如果一直给他们灌输消极的思想,就极易造成孩子心理畸形。就像父母对孩子说"隔壁家"孩子的时候,他们会产生愤怒、难过和仇恨的心理。一方面他们觉得父母不喜欢自己,另一方面会对那个"优秀的孩子"产生嫉妒之心。所以家长在教育孩子时,一定要避免自己的言语给孩子带来伤害。

心理小贴士

家长无意识的一句话,会让孩子产生许多心理变化,这主要是因为家长与孩子交流不够,不知道孩子心里究竟在想什么。

没有一个家长不爱自己的孩子,但是家长平时无意识的一个举动都会让孩子开始怀疑自己的父母是不是真的爱自己,因为他们不管做什么都比不上"隔壁家"的孩子优秀。

爱孩子，就要"放手"让孩子自由成长

小华从小就非常喜欢小动物，而且非常热衷于研究小动物的生活习性，初中时，常常因为观察小动物而弄得浑身是泥。父母对此非常生气，觉得他不务正业，于是就想方设法地阻止他去外面玩。父母希望他学钢琴，以便将来中考时加分。

一开始，他总是趁着父母不注意偷偷地跑到附近的公园做自己喜欢的事。有一次，他把一只黑色的蜘蛛带回了家，父母大发雷霆，训斥他不应该把这么脏的东西带回家。爸爸还一脚踩死了蜘蛛，妈妈也摔烂了他积累好几年的装着各种标本的"百宝箱"。那一刻，小华愣住了，回到自己的房间默默地坐了一下午。

从那以后，他变得沉默寡言，学习成绩也一落千丈，父母为此非常发愁，甚至怀疑他是不是智力有问题。而小华的生物老师说："小华这孩子特别聪明，如果好好培养，将来一定会成为一个非常出色的生物学家。"小华生物老师的话引起了父母的深思。

父母总是觉得孩子不懂事，也认为"他们还小，不知道自己在干什么。""我们是孩子的父母，难道我们还会害自己的孩子吗？"有很多家长是这样的想法，他们觉得孩子毕竟涉世未深，对身边的人、身边的事情总是认识得不透彻。自己作为家长，什么都愿意为孩子做，孩子的一切自己都想包办，只有这样，他们才觉得心安。

有的时候，孩子有个小兴趣，就是因为家长看着不顺心，便强制孩子马上放弃，然后强制孩子做自己不喜欢的事情。即使这样，家长还是有一个漂亮的借口：不管做什么，我们都是为了孩子好。就像小华的父母，他们很轻易地

就判定小华喜欢小动物是不务正业，然后用自己的思想来要求小华改正，控制小华。小华的父母以为自己是对的，但结果却不是这样。

其实，如果家长过度干涉孩子的行为和思想，孩子就会对自己产生怀疑，认为自己做的事情都是错的，从而否定自己对事物的判断能力，变得没有自信。而且孩子会觉得父母不尊重、不理解他们，从而产生逆反心理。很多家长往往会忽视孩子自己的想法，强加给他们很多学习任务和兴趣爱好，导致孩子失去了发挥自己才能的机会，这对孩子的成长非常不利。

家长不要总是用爱孩子的借口来控制孩子，孩子有属于自己的思维方式，有自己的心灵空间。父母应该站在一个平等的立场上与孩子沟通，多听听孩子的想法，多问问孩子喜欢做什么，既然爱自己的孩子，就要懂得给孩子自由。

心理小贴士

作为父母，不要总想着自己的孩子涉世未深，其实很多时候，他们只是不敢与家长交流，不敢说出自己最真实的想法罢了。

很多父母喜欢用"家长"这一身份，强迫孩子做一些他们并不愿意做的事情，还美其名曰是爱自己的孩子，殊不知，自己这样的"爱"会害了孩子。家长们，既然爱自己的孩子，就请给他们的心灵以空间，让他们健康自由地成长。

放下"家长"的架子,与孩子平等交流

父母在教育孩子的时候总是过于注重自己是"家长"这一身份,所以和孩子总是不能有效地沟通,他们更多的时候是用强制性的手段让孩子接受自己的观点,而不是认真地倾听孩子心中所想。但是如果家长与孩子沟通得不彻底或者没有效果,就会导致他们做出一些过激的行为,尤其是处在青春期的孩子。所以家长在和孩子沟通的时候要注意自己的引导方式,还要学会放下家长的身份与架子,平等地与孩子交流,千万不要总是用强制性的手段让孩子屈从于自己。

小燕今年上高一,她的成绩一直不错。但是最近的一次期中考试她没有考好,为此,她心里很不舒服,觉得自己的压力特别大,她的父母也十分担心,便为小燕请了家教,时刻督促她学习,还时常在小燕面前说:"你才高一,成绩就掉下来了,你还怎么考大学啊?"听到父母的抱怨,小燕把想说的话都咽进了肚子里。

后来,小燕觉得自己实在受不了如此压抑的气氛,就约了几个朋友出去玩,希望放松放松心情。几个伙伴玩累了准备回家的时候,正好在小区门口遇到了下班回家的小燕妈妈。小燕妈妈看小燕没有在家学习而是出去玩了,顿时火冒三丈,当着小燕朋友的面就对小燕说:"学习没本事,玩起来你还挺有劲儿的。"听到妈妈的话后,小燕原本好好的心情,立刻又变得十分沉重。她想和妈妈好好地沟通一下,向妈妈诉说一下自己心中的压力,但是妈妈从来不给她机会。因此,小燕变得越来越沉默,不管父母给她请什么样的家庭教师,她的成绩都提不上去。

生活中像小燕妈妈这样的父母有很多,他们总觉得自己是家长,就有责

任督促自己的孩子学习，即使孩子不乐意。他们从来不去考虑孩子心里的感受，总觉得自己的孩子太缺乏上进心了。其实，家长也应该反思一下，自己教育孩子为什么会失败？自己明明已经尽了最大的努力，可孩子为什么还是没有进步？这不仅说明了家长如此强制性的教育方法不妥当，还有一个更深层次的根源：家长和孩子之间不能平等地沟通。

很多父母觉得自己辛辛苦苦一辈子，做什么都是为了自己的孩子好，但是孩子却不领情。他们从来没想过自己强加给孩子的是不是孩子想要的，他们习惯用"家长"这个身份来看待自己和孩子之间的关系，而且根深蒂固。

> **心理小贴士**
>
> 　　父母对孩子而言，是最重要的家庭教育者，也是孩子最亲密的寄托情感的对象。父母如果和孩子不能正常有效地沟通，就会给孩子的心理蒙上阴影，这对教育孩子是极为不利的。
>
> 　　作为家长，在和孩子沟通的时候切不可过度强调自己"家长"的身份，而是要学会与孩子平等地交流与沟通，让孩子在父母的良性影响下健康地成长。

父母爱面子，孩子也一样

面子，顾名思义，就是人的脸面。而人是具有社会属性的生物，只要是人，就需要得到别人的认可。"面子"也是一个人最本能的心理需要，每个人不管有何成就、有何性格、有何经历，他们都希望别人能够尊重自己。中国有句老话："不蒸馒头争口气",这就是中国人重视面子的表现。但是面子观念不是中国社会特有的现象,更不是大人特有的一种心理。只要是人,就会试图在别人面前表现出自己最好的一面,以使他人对自己有一个良好的印象。不仅大人如此,孩子也一样。

莎莎从小就和爷爷奶奶生活在一起,爷爷奶奶对她的精心呵护以及在她生活上的大包大揽,让莎莎变得十分内向、胆怯。后来,父母把她接到了自己身边。莎莎的爸爸脾气暴躁,莎莎觉得很害怕,莎莎的爸爸觉得女儿这么下去也不是个办法。

一天,莎莎的同学和其父母来莎莎家做客。爸爸让莎莎去给客人倒水,莎莎一不小心打翻了杯子,莎莎的爸爸很生气。但是他转念一想,这正好是教育莎莎的好机会呀,于是他劈头盖脸地批评起莎莎:"这么大人了,连倒杯水都能把杯子打翻,你怎么这么笨呢?"莎莎的爸爸试图用这种方法让莎莎觉得丢面子而证明自己不笨,但是生性敏感的莎莎却羞愧得无地自容。

晚上,莎莎做了一个噩梦,她梦见爸爸老用手指指着她,她的同学也嘲笑她。从此,她在同学面前抬不起头,而且一看见爸爸就紧张,越紧张就越容易出错,出了错爸爸就批评她,最后,莎莎得了恐惧症。

很多父母在教育孩子的时候喜欢批评孩子,他们觉得那样能让孩子长记性。还有很多父母试图用当众批评孩子的方式让孩子丢面子,从而让孩子认识到自己的错误,然后改正自己的错误,这说明家长知道自己的孩子自尊心很强,也很好面子。

没有人喜欢在公共场合听到别人说自己的糗事或者批评、嘲笑和讽刺自己。家长深知在公众场合丢面子的尴尬与难受,所以家长在教育孩子的时候也一定要关注孩子的自尊。比如,孩子在公众场合犯了错误,家长只要用眼神告诉孩子他做错了，回到家再对孩子讲道理，不要在公众场合就批评孩子，而应该给孩子留面子。否则，家长的一个微不足道的举动会让孩子的自尊心受到很大的伤害。

> **心理小贴士**
>
> 　　家长要面子，孩子也不例外。所有人都希望给别人留下自己最好的一面，让别人对自己产生最好的印象，而不希望在众人面前被人说不好，那样不但会很尴尬，还会在很长一段时间内抬不起头。
>
> 　　所以，家长在教育孩子的时候，要用心去揣摩孩子的心理，不要在大庭广众之下批评孩子，说孩子的糗事。即使孩子在公众场合犯了错，家长也要给孩子留足面子。

顺应孩子的成长特点，激发并满足孩子的好奇心

　　近代教育家陶行知曾说过："发明千千万，起点是一问"。孩子好奇，他们必然对不懂的新事物充满疑问，进而发问或从实践中探索。

　　做父母的都曾有过这样的感受：孩子从会说话开始总是缠着自己问花样百出的问题。比如，妈妈，为什么天空是蓝的？为什么飞机不会从天上掉下来？为什么猪没有翅膀？面对孩子这些千奇百怪的问题，大多数父母总是缺乏耐性。有些父母甚至对孩子说：问这么多，烦不烦？就这样，孩子的好奇心在父母的不断呵斥中被泯灭了。文森特·鲁基洛曾说过："好奇心、求知欲和善提问是创造性思维的引擎。"

从心理学观点看,好奇心是人们对新鲜事物进行探索的一种心理倾向,是推动人们积极地去观察世界,开展创造性思维的内部动因。古人云:学贵有疑,小疑则小进,大疑则大进,不疑则不进。在孩子的心灵深处,都有一种根深蒂固的需要,希望自己成为一个发现者、探究者和成功者。而好奇心正是小孩子学到知识的一扇最重要的门,可以启迪孩子的智慧。

所有的孩子都具有创造性思维,家长要做的就是让孩子的创造性思维有一个良性的发展,也就是要给孩子提供良好的环境和条件。但是很多家长对孩子的"研究探索行为"持否定态度,对于孩子提出来的很多问题总是不耐烦。有些孩子就是喜欢凡事问出个究竟,所以面对孩子一连串的"为什么",家长千万不要敷衍了事,要尊重和保护孩子的好奇心和求知欲,给孩子以正确的引导。即使孩子提出的问题难倒了家长,家长也不要因为气恼而对孩子失去耐心,要委婉地告诉孩子应该去哪儿找这些"为什么"的答案。

孩子都很敏感,他们对外界充满了好奇,在自己好奇心的驱使下会问父母很多千奇百怪的问题,希望父母能予以解答。所以,要想孩子的生理和心理快速地发展,家长就要为其提供良好的条件,对于孩子切合实际的要求,家长要尽量地满足,不切合实际的要求,则要明确地拒绝。但是家长在拒绝孩子无理的要求时,要尽量缓和自己的态度,注意自己的语气,不要破坏孩子的情绪,要让孩子觉得是客观条件不允许,必须放弃或者适当地节制,而非父母不予以满足。

心理小贴士

孩子处在生理和心理快速发展的时期,他们对外界的事物十分敏感,会被很多新奇的事物和现象吸引,这就需要家长为他们提供一个良好的生长环境。

　　学龄早期是孩子形象思维向抽象思维转变的重要时期，但是孩子思维成熟的速度不是随着孩子年龄的增加而递增，而是在日常生活中锻炼、培养和造就的。作为家长，一定要适当地满足自己孩子的好奇心，尊重孩子的好奇心和求知欲，给予孩子正确的引导，让孩子健康地成长。

第2章　好妈妈懂点儿性格心理学，从小塑造孩子的好性格

心理学家威廉·詹姆士说过："播下一个行动，收获一种习惯；播下一种习惯，收获一种性格；播下一种性格，收获一种命运。"作为父母，在教育孩子的过程中，一定要重视孩子的性格培养，学习并掌握一些性格心理学的教育方法，将孩子培养成一个积极阳光、乐观向上、充满幸福感的人。人生是一个不断奋斗的过程，任何一个孩子，只有勇于面对生活的磨难并克服它，继续迎接下一个挑战，他才能成为最后的赢家。

攀比心理：如何帮孩子摆脱虚荣心

可能很多父母遇到过这样的问题：孩子小小年纪就虚荣心作祟、盲目攀比。虚荣心虽然是一种常见的心态，但对孩子的成长有很大的负面影响，最重要的是，孩子爱慕虚荣有碍真正的进步，甚至会使其形成嫉妒成性、冷酷无情的性格。

有很多父母这样抱怨过：

"我女儿每个周末一回到家，就对我提出各种要求：'同学们都买新球鞋了，我的球鞋一点儿也不好看，更不是名牌，太丢人了，我要买双名牌球鞋。'"

"我女儿说：'我的电脑太旧了，人家笑话我是老牛拉破车。你什么时候给我买一台新的？'"

"孩子大了，有了攀比心理，这我理解。但是家里经济条件有限，孩子每次提出要求，我都很为难。请问，有什么方法可以既不伤害孩子的自尊，又能消除她的攀比心理？"

"现在的孩子怎么了，做父母的不容易呀，为他们提供这么好的学习环境，怎么还要求这要求那？"

因此，很多父母产生了这样的困惑：该怎样正确地引导孩子，让孩子把精力放在学习上，而不是攀比上呢？

其实，很多时候，孩子的虚荣心和家庭以及父母的教育有很大的关系。现在，许多父母溺爱自己的孩子，认为自己只有一个孩子，又有经济承受能力，所以舍得为其买高档玩具、流行服装。有些父母不注意孩子的修养和教育，喜欢在吃穿打扮、玩具图书等方面与他人攀比，甚至给孩子大把零花钱以显示自己的富有和与众不同。他们总喜欢讲自己孩子的优点，甚至在亲朋之间也炫耀自己的孩子，而亲朋出于礼貌也都讲孩子的优点，很少有人讲孩子的缺点，所以孩子在生活中听到的都是赞扬声。长此以往，家长对孩子一味地"吹高""捧高"，就使孩子形成了强烈的虚荣心。

我们不能否定的是，攀比是很正常的心态，每个人或多或少都有攀比心。有时候，这种心态可以促使人努力、奋斗，从一定意义上说，攀比心是促使人前进的动力，良性的攀比能使人奋发。但孩子如果不经父母的帮助和指点，很容易因盲目攀比而误入歧途。因此，父母要正确引导孩子，不要让孩子在物质上比，而是比学习、比品德、比做人的本领、比对集体的奉献、比各自的理想、比自己的特长，在这种良性的竞争中，孩子才会健康地成长！

具体来说，你可以从以下几个方面及时给予纠正：

（1）榜样示范。你应不断提高自身修养，言谈举止，不落俗套，给孩子树立一个好榜样。

（2）引导年幼的孩子明白什么是真正的美。通过说教，使孩子明白整洁、合体、大方的衣饰也是美，爱劳动、爱学习、乐于助人的品德更美。

（3）表扬要适当。当孩子通过自己的努力成功地做完一件事时，家长尽量不要在众人面前夸奖他，而且别人夸奖时，也应适时转移话题，以免孩子骄傲。

（4）高要求。如果孩子做事总比别人快和好，那家长则可以试着交给他有一定难度的任务，使他感到自己能力不足，需要别人指导和帮助。进行挫折训练，让孩子学会调节情绪，经受失败的考验是很有必要的。

总之，在家庭中，家长要把孩子当作普通一员，不要让他成为"中心人物"，不管经济条件如何，家长都不能放纵他的消费欲，应有目的、有计划地引导，这样才能逐步纠正孩子贪慕虚荣的坏习惯。

> **心理小贴士**
>
> 每个人都有一些消极心理，攀比只是其中之一。攀比就是一种"人有我也要有，人好我要更好"的比较心理，它隐含着竞争、好胜的心理成分。为了帮助孩子克服虚荣心，父母需要时刻注意孩子的心态，要时刻启发孩子，对任何生活细节都要认真对待，不过分炫耀自己。父母不能过分夸大孩子的优点，也不要掩盖孩子的缺点，要引导孩子正确对待自己的缺点，使其对自己有一个正确的认知，避免产生虚荣心。

孩子的好性格一定要从小塑造

任何父母都希望自己的孩子能拥有一个好性格，因此，他们对于培养孩子好性格这一点尤其重视。然而，很多父母误以为，对于孩子的性格培养，应该在孩子懂事——也就是五六岁开始，实际上，这是不科学的。在孩子五六岁时才意识到培养孩子的性格，已经错过了培养孩子性格的最佳时期。

那么，培养孩子性格的最佳时期是何时呢？应该是婴幼儿时期。

从孩子的心理发展角度来看，0～6岁是孩子一生中大脑发育最迅速的阶段，是孩子一生中最富可塑性的阶段，也是为孩子的性格奠定最坚实基础的阶段。此时，外界的刺激会在他们的大脑里留下很深的痕迹，刺激反复呈现，就会转化为内在信息，对孩子的性格形成产生很深远的影响。

艳艳是个可爱的女孩，如今的她已经10岁了，谁初次见到她，都会忍不住和她多说几句话，但接下来，艳艳就会表现出很黏人的样子，甚至想一整天都跟别人在一起。于是，很少有小伙伴或同学愿意和她玩。

其实，艳艳很可怜，她刚出生不久，父母就离婚了，爸爸把她交给保姆带，而这个保姆除了定时给艳艳做饭外，也不怎么和艳艳说话。现在的艳艳已经形成了一种黏人的性格，她渴望被人关心，渴望和人说话。

从心理学的角度来分析，艳艳之所以会养成过度依赖的性格，是因为在她性格形成的最佳时期，家长不但忽略了对她的教育，而且忽略了给予她足够的爱。因此，这种渴望爱的感觉便在孩子的心中延续下去，逐渐形成了一种性格。

由此可见，在孩子小时候，家长对他们的性格教育有多么重要。事实上，我们强调培养孩子的性格要从婴幼儿开始，是有科学依据的。在孩子小时候，他们对任何事物都充满了好奇，接受能力也很强，因此，他们的性格很容易塑造。

有人说，性格决定命运。这句话虽然不完全对，但也有一定的道理。一个人的性格是在很小的时候就形成的，为了让孩子有一个好性格，父母应该怎样培养呢？下面的一些策略或许可以为家长提供参考。

1.让孩子自己做主

他们虽然还是孩子，但已经有自己的情绪，有自己的意愿了，父母不能事事替他做主，即使你真的为了他好。比如，你认为他该写完作业再看电视；你认为他一天应该吃两个苹果；你认为他应该在九点之前上床睡觉……要知道，强加的结果只能适得其反，但是如果你能放手让孩子自己做主，那么，孩子不但会很开心，还能形成独立、自主、有主见的性格。

2.父母在家中要为孩子树立好榜样

可能父母会认为，孩子还小，骗他也是为了他好，其实，这样做只会让孩子对你产生信任危机，甚至在以后的生活里学会骗你。

因此，作为父母，不要轻易对孩子许下承诺，一旦许下，就一定要做到。对于同一件事，也不要给孩子多重标准，假如你今天答应孩子这么做，明天没有任何理由地告诉他不行，就会造成孩子的信任感降低。

3.不要什么要求都答应孩子

很多孩子会采取撒娇要赖、哭闹的方式迫使你答应他的要求，如果这些要求是无理的，你一定要拒绝，不然他会有恃无恐，同样的事情会一而再，再而三地发生。只要你坚定地告诉他"不行"，他就能从你的态度上看到这件事真的没有商量的余地。

4.让孩子承担一点儿责任

有个10岁的小女孩儿，负责为家里倒垃圾已经五年了。在她四五岁时，突然对倒垃圾产生了兴趣，一听到收垃圾的铃声，她就提着垃圾桶出门了。她的父母为了激发她参加家务劳动的积极性，培养她的责任感，就及时予以表扬，说她能干、勤快，还经常当着外人的面称赞她："干得不错！我们都应该向你学习！"这样，孩子油然产生了一种自豪感，并慢慢地形成了习惯，把这项劳动看成一种责任。

> **心理小贴士**
>
> 孩子的性格都是在日常生活中逐渐培养起来的，作为父母，更应该努力探索，在孩子很小的时候就教育孩子成为一个独立、自主、真诚、有责任心的人。

选用正确的方法，培养孩子的责任感

责任感是人们对自己的言行带来的社会价值进行的自我判断，并从中产生情感体验。这种体验来自对自己行为后果的反馈，同时又激励、督促自己去履行一定的义务，以实现一定的行为目标。关于责任感，有个著名的心理学效应——"融合效应"。

融合效应，是指一个人在受挫或者犯错误后，因为害怕承受压力，而将自己应尽的责任与他人的责任混在一起，以平分过失，来减轻心理愧疚的消极心理效应，这一心理效应在未成年的孩子身上体现得尤为明显。比如，在玩要的过程中，几个孩子将他人的物品损坏了，他们会说："又不是我一个人的错。"他们之所以这样说，是因为每个人都认为这比独自承担要轻松得多，大有"平摊过失"之意。

融合效应是个消极效应，它有推卸责任、降低责任感之嫌。所以，作为父母，在教育孩子的过程中，一定要让孩子拒绝这种心理。

大科学家爱因斯坦在总结自己一生的成就时说，他没有特别的天赋，只有强烈的好奇心。他强调指出，只用专业知识教育人是不够的。通过专业教育，一个人可以成为一种有用的机器，但是不能成为一个和谐发展的人。

因此，对于家长来说，除了专业知识的教育，还应重视素质教育。责任感就是其重要一环。培养孩子的责任感，离不开正确的教育方法。从现在起，父母要摒弃那些教育孩子的误区，具体来说，家长可以做到：

方法一：从孩子的动手能力开始培养，孩子的事让他自己做，让孩子对自己负责

对自己负责就要自己的事情自己做。比如，父母要让孩子做到这些：每天早晨闹钟一响，就应该马上起床，再困也要起来，准时去上学。遇到刮风或雨雪天气，应该提早起床，坐不上车，就要走或跑到学校，绝不能迟到。书包、书籍、衣物等物品自己整理，房间自己打扫。你要让孩子明白，以上这些事情不能依赖父母，要让他记住"这是我的责任"。

方法二：培养孩子的孝心，让孩子对家庭负责

作为家长，可适当地让孩子了解一些父母的忧虑和难处，提出一些问题，引导孩子独立思考和选择，大胆发表自己的见解，也可以让孩子表达自己的孝心，比如，家里的长辈过生日时，你可以要求孩子亲手制作一份生日礼物，并让他写上一句知心的话，让孩子意识到家庭的美满幸福要靠爸爸妈妈和

自己的共同参与，进而增强孩子对家庭的责任心。让孩子关心父母，主动帮父母做些力所能及的事，从而记住"这是我的责任"。

方法三：鼓励孩子大胆参加集体活动，让孩子对集体负责

集体责任感的树立还是要回到集体中，如果你的孩子性格内向，不愿意参加一些集体活动，你一定要给予鼓励："我相信你一定可以表现得很好！"父母的鼓励是对孩子最大的肯定。同时，当孩子在集体中犯了错误时，也要鼓励孩子承担责任。

方法四：父母要对自己的言行负责，为孩子树立榜样

无论作出什么许诺，都要尽可能地实现，如果不能实现，一定要向孩子说明缘由。告诫孩子不要轻许诺言，一旦许诺，就必须遵守。家长自身对家庭、对社会的责任心如何，对孩子来说就是一面镜子，父母的责任心水平可以折射出孩子的责任心。对家庭、社会毫无责任感的父母，不可能培养出有责任心的孩子。

> **心理小贴士**
>
> 责任感作为一种道德情感，是一切美德的基础和出发点，是人类理性与良知的集中表现，是社会得以存继的基石。一个缺乏责任感的人不能称之为成熟的人，对孩子来说，责任感不是大而空的东西，培养孩子的责任感要让孩子学会对自己负责、对他人负责。

时刻关注孩子的情绪，培养其乐观的心态

乐观的人往往善于在平凡的生活中找到快乐，在不愉快的情境中找回欢乐，能轻松自如地化解一些尴尬，以积极的心态来面对生活，不但自己整天开开心心，也会感染别人。可见，乐观的心态对人来说是很重要的。

心理学的研究表明，乐观的孩子开朗、活泼；对待生活热情，不怕失败，敢于尝试；对事物充满极大的兴趣，创新意识较强。乐观的孩子在学校的表现往往比较好，日后也容易获得成功。我们还发现，那些成功人士无不有着乐观的心态，而他们乐观的心态，是在人生的磨难和生活的历练中逐渐形成的。

关于乐观，有个著名的"斯万高利效应"。

在美国，有一种神奇的魔术牌，叫"斯万高利"，之所以说它神奇，是因为它真的具有魔术般的功效。

表演者先将牌摊开让观众看清楚每张牌都是不同的，然后让一名观众随机抽出一张，假如他抽到的是红桃K，他不用告诉表演者，把牌再放到整副牌中。表演者任意洗完牌后大叫一声"斯万高利"，然后摊开牌，观众就会发现每一张牌都变成了红桃K。心理学上把这种现象称为"斯万高利效应"。

"斯万高利效应"告诉我们，"在现实生活中，当一个人遭受心理挫折后，如果不设法及时排解，而是任由挫折感在脑中像红桃K那样繁殖、增强，最终使自己所做之事皆带着挫折与失败的阴影，这就是心理上的'斯万高利效应'。"

事实上，不仅仅是孩子，即便成年人在遭到挫折时，也会产生很多消极的想法。其实，这是一种很正常的心理，但如果人们不及时想办法遏制这些消极的想法，便会产生一种很可怕的心理效应。

所以，家长一定要时刻关注孩子的情绪变化，当孩子遇到挫折时，家长要引导孩子正确认识挫折，并帮助孩子及时消除挫败感，转而用乐观的态度面对挫折。

然而，事实上，乐观的心态并不是每个人都拥有的，但是可以培养。作为家长，在孩子的成长过程中我们一般只注重孩子的身体健康和智商，而忽略了影响孩子一生的至关重要的一点，那就是孩子健康的心理。那么，家长该如何培养孩子乐观的心态呢？

1.勿对孩子控制过严

作为家长，当然不能对孩子不加管教、听之任之，但是控制过严则有可能压制孩子天真烂漫的童心，对孩子的心理健康产生消极影响。为此，家长不妨让孩子在不同的年龄阶段拥有不同的选择权。只有从小享有选择权，孩子才能真正感受到快乐和自在。

（1）让孩子有时间享受"不受限制"的快乐。孩子一旦喊叫、跳跃，父母便会想办法制止，孩子只好越来越乖了。但由此产生的是：孩子的热情和活力一点点丧失，孩子的心灵也受到了压抑。

（2）让孩子多参加一些体育活动。有些父母害怕孩子受伤，便禁止孩子参加体育活动，其实，这种行为是错误的。长时间下去，不仅不利于孩子的身体健康，还有害于孩子的心理健康。所以家长应让孩子多参加一些体育活动，因为良好的身体状况和运动技能，不仅有利于孩子的身心健康，还有利于孩子树立正确的自我形象观。

（3）允许孩子开怀大笑。一些家长看到孩子咧嘴大笑，便会立刻制止并进行说教，因为在这些家长看来，咧嘴大笑是不礼貌、没素质的表现。然而研究表明，开怀大笑有益于人的身心健康，它可以帮助人们排解情绪，缓解压力。所以家长要允许孩子开怀大笑，以让其排解不良情绪，释放学习压力，形成乐观的性格。

2.鼓励孩子多交朋友

不善交际的孩子大多性格抑郁，因为时时可能遭受孤独的煎熬，享受不到友情的温暖。为此，家长不妨鼓励孩子多交朋友，特别是同龄朋友。性格内向、抑郁的孩子更适宜结交一些开朗乐观的朋友。

3.让孩子拥有适度的自信

拥有自信与快乐性格的形成息息相关。对一个因智力或能力有限而充满自卑的孩子，家长务必将其长处发扬光大，并审时度势地给予表扬和鼓励。来自家长和亲友的正面肯定无疑有助于孩子克服自卑、树立自信。

4.创建快乐的家庭气氛

家庭的气氛、家庭成员之间的关系，在很大程度上会影响孩子性格的形成。研究表明，孩子在牙牙学语之前就能感觉到周围的情绪和氛围，尽管当时他还不能用语言来表达。由此可见和谐、温馨的家庭氛围有助于培养孩子开朗乐观的性格。

心理小贴士

孩子毕竟是孩子，他们的人生阅历是有限的，因此，在遇到挫折时，不懂得如何处理自己的挫败感，只能任挫败感在头脑中蔓延、扩大，在这种情况下，孩子很容易形成悲观的性格。作为家长，我们一定要帮助孩子以乐观的态度面对挫折，踏上人生新的征程。

孩子"挫折教育"必不可少

人们常说："自古英雄多磨难。"这句充满智慧的警句，生动地说明了一点：父母从小培养孩子应对挫折的能力，会使孩子终身受益。实践告诉我们，要教育好下一代，除了要教孩子掌握一定的科学文化知识和技能外，还必须让孩子拥有良好的思想素质。人只有经历过挫折，并拥有顽强的意志力、忍耐力和坚韧不拔、不屈不挠的精神，最终才会获得成功，才能在竞争中立于不败之地。让孩子经历一些挫折，对孩子的一生是大有益处的。放手让孩子独立面对生活的各个方面，让其自己解决，孩子几经如此"折磨"，将来就不会像温室里的花朵那样不堪一击。

印度前总理甘地夫人，不仅是一位非常杰出的政治领袖，更是一位好母亲、好老师。她在教育儿子拉吉夫的过程中，曾有这样一次经历：

拉吉夫12岁的时候生了一场大病，医生建议他做手术。手术前，医生和甘地夫人商量术前的一些事，医生认为可以通过说一些安慰的话让拉吉夫轻松面对手术，比如，可以告诉拉吉夫"手术并不痛苦，也不用害怕"等。然而，甘地夫人却认为，拉吉夫已经12岁了，应该学会独立面对了。于是，在拉吉夫被推进手术室前，她告诉拉吉夫："可爱的小拉吉夫，手术后你有几天会相当痛苦，这种痛苦是谁也不能代替的，哭泣或喊叫都不能减轻痛苦，可能还会引起头痛，所以，你必须勇敢地承受它。"

手术后，拉吉夫没有哭，也没有叫苦，他勇敢地承受了这一切。

关于孩子的教育，甘地夫人有自己的心得。她认为，生活本来就不是一帆风顺的，有阳光就有阴霾，孩子在成长的过程中，有快乐，也就会有坎坷。而一个个性健全的孩子就要接受生活赐予的种种，这样才能从容不迫地应对未来生活的各种变化。这就是人们常说的甘地夫人法则。

的确，困难和挫折是一所最好的学校，在这所学校里，孩子将历经"艰难困苦"，最终"玉汝以成"。没有尝过饥与渴的滋味，就永远体会不到食物和水的甜美，不懂得生活到底是什么滋味；没有经历过困难和挫折，就品味不到成功的喜悦；没有经历过苦难，就永远感受不到什么叫幸福。尽管每位父母都不想让孩子经历苦难，希望他们的人生路上充满欢笑和鲜花，但生活是无情的，每个人的人生路上都会遭遇各种各样的苦难，畏惧苦难的人将永远不知何谓幸福，也感觉不到幸福。

父母作为孩子的第一任老师，不论孩子将来干什么，都要从小培养孩子面对困难、面对挫折的能力，不能一味地将他们视为掌上明珠，不让他们受一点儿委屈，以为多给孩子方便，少让孩子遭受挫折就是爱孩子。实际上，这是过早地剥夺了孩子的吃苦精神和创造力培养的机会，导致他们长大后陷于平庸和无能。同时，家长还要考虑到孩子有一定的依赖性，对孩子放手固然正确，但要适度，因为孩子对挫折的承受能力有限。当孩子受挫时，家长要告诉孩子："跌倒了，自己爬起来。"这就给了孩子一种肯定，此时的挫折教育才是最有意义的。

父母要想让孩子在充满竞争的社会中立足，必须从小对孩子进行挫折教育，培养他们坚韧不拔的意志和毅力，教他们敢于面对挫折，不怕失败，跌倒了自己爬起来，勇于接受艰难困苦的磨炼，这也是父母应尽的义务和责任。

心理小贴士

挫折是一种珍贵的资源，也是一种人生的财富。古今中外的理论和实践都证明：挫折教育可以增强孩子的适应能力、磨炼意志、形成自我激励机制，有其他教育所无法替代的作用和价值，这正是孩子成

> 长所不可缺少的"壮骨剂"。但挫折教育也需要家长的正确引导，父母应引导和培养孩子在不同情境下战胜挫折的应变能力，激发孩子的知识积累和大脑潜能，激发他们探究未知事物的兴趣，提高他们解决问题的能力，并从中获得可贵的人生智慧和坚忍的意志品质。

勤俭节约的美德不可丢

古话说："艰难困苦，玉汝于成。"任何一个孩子要想成才，就必须历经"艰难困苦"，最终方能"玉汝于成"。所以，父母一定要教育孩子以勤俭节约、艰苦奋斗为荣，以骄奢淫逸为耻，这样孩子才能体会到靠自己的努力争取到所需要的东西的成就感和幸福感，也才懂得珍惜，这对于孩子的自立自强也是一种磨练。关于这一点，有个著名的"棘轮效应"。

"棘轮效应"，又称为"制轮作用"。这一理论认为，对于消费者来说，增加消费容易，减少消费则难，即是说由奢入俭难。因为一向过着高品质生活的人，即使实际收入降低，多半不会因此马上降低消费水准，而会继续保持相当高的消费水准。即消费"指标"一旦上去了，便很难再降下来，就像"棘轮"一样，只能前进，不能后退。

"棘轮效应"是出于人的一种本性，人生而有欲，一旦有了欲望就会千方百计地寻求满足。对于欲望，我们没有办法禁止，但一定不能放纵，对于过度的乃至贪得无厌的奢求，必须节制。如果对自己的欲望不加限制，过度地放纵奢侈，没能培养俭朴的生活习惯，不仅会使自古"富不过三代"之说成为必然，也会使自己变得骄奢淫逸、不思进取。

在西方国家，很多成功企业家虽然家境富裕，但依然对子女要求极严，从不给孩子很多的零花钱，甚至寒暑假还让孩子四处打工。这些企业家并不是苛求子女能为自己多赚一点儿钱，而是希望子女懂得每一分钱的来之不易，懂得俭朴和自立。这是一种难能可贵的家庭教育观念。让孩子从小养成勤俭节约的好习惯，有利于孩子的成长和发展。在中国，有些成功人士也将勤俭节约作为孩子性格培养的重要方面。

董建华是世界船王董浩云的儿子。然而，董浩云虽然是首屈一指的大富豪，但在子女的教育上一直很严格，从不娇惯孩子。

正因为父亲严格的教育，董建华从小就很节俭。读书期间，他每天都会乘坐公交车往返于家里和学校，从不因为自己是富豪的儿子而摆出一副高高在上的姿态。

毕业以后，所有人都以为他会接手父亲的生意，但出乎大家意料的是，他接受父亲的安排，进入了美国通用汽车做了一个普通的职员。

父亲告诉董建华："小华，我不怀疑你是个有理想的人，但我担心你的刻苦精神不够，你不要觉得自己有依靠，你必须主动去找苦吃，磨炼自己的意志，接受生活对你的种种挑战，并战胜它。"

董建华听从了父亲的话，在通用的四年，他认认真真、勤勤恳恳，不仅学习了先进的管理经验，还学会了怎么与人打交道，也培养了吃苦耐劳的精神，为今后的事业打下了坚实的基础。

那么，具体来说，父母该如何培养孩子勤俭节约的品质呢？

1. 多劳动，认识劳动的价值

在美国，不管家里多富有，男孩子12岁以后就会给邻居或自己的父母家里剪草、送报以赚些零用钱，女孩子则做小保姆去赚钱。

在瑞士，十六七岁的姑娘初中一毕业就被送到一家有教养的人家当一年女佣人，上午劳动，下午上学。

德国法律还规定，孩子到14岁就要在家里承担一些义务，比如，替全家人擦皮鞋等。这样不仅有利于培养孩子的劳动能力，也有利于培养孩子的社会义务感。

2.物质生活避免奢华

物质生活的奢华容易使人产生一种贪得无厌的心理，而对物质的追求往往又难以获得自我满足感，这就是贪婪者大多不快乐的根本原因。

我们发现，日常生活中，一些孩子在物质生活水平急速发展的社会，却形成了一种"唯钱是亲"的不健全人格。这主要原因是生活的环境过于优越，孩子不知道何谓"吃苦"。

心理小贴士

尚未成年的孩子，正处于个性定型的重要阶段，由于个性极不稳定，从而影响了个人素质的高低。作为父母，只有让孩子养成勤俭节约的习惯，孩子才能学会珍惜，才会具有吃苦的精神和毅力。

盲从心理：孩子盲目追星怎么办

随着时代的发展、物质生活水平的提高和价值观的多元化，跟上"时尚"与"潮流"的步伐已经不再是成年人的专属，很多孩子也纷纷把追逐时尚作为重要的生活内容,有些孩子甚至盲目追星。这一点,在那些青春期的孩子身上体现得尤为明显。不难发现,现在的校园里,学生们聊得最多的话题就是明星和偶像,而且很多孩子为追星变得疯狂,他们盲目地"随大流",疯狂地收集明星资料、相片和唱片,这是非常愚蠢的做法,既浪费钱财,又浪费时间。为此,很多父母不知如何是好。

事实上,无论是成人也好,孩子也罢,都需要一个目标,榜样的力量也是无穷的,正如"没有星星,宇宙将漆黑一片"一样。年轻人需要榜样,偶像肯定是某个领域的杰出代表。英国一项研究表明:名人崇拜可能在个人成长过程中发挥着重要作用。研究人员认为,那些十几岁的追星族,通常能把他们的情绪调节得很好并且拥有较好人缘,这是因为名人效应在他们的成长和交际过程中产生了积极影响。

但盲目地追星,还是会使孩子的生活陷入漫无目的之中。对于孩子盲目"追星"的行为,家长一定要及时予以纠正,对此,家长可以从以下几个方面努力:

方法一:帮助孩子树立明确的目标与理想

实际上,追星现象在那些学习成绩差、没有目标的孩子身上体现得更为明显。他们这样做是为了在同学们心中树立形象,他们刻意模仿明星们的作风,收集明星们的信息,通过这些炫耀自己的能干、消息灵通,以此抬高自己的身价。而那些学习成绩优异的同学,对明星的关注度会小很多,因为他们已经具备了树立威望的资本——学习成绩。

因此,父母要帮助孩子找到学习的乐趣,让其树立学习目标,当他为理想而努力奋斗的时候,也就没有那么多精力"追星"了。

方法二:让孩子"追星""追"得有意义

父母不可否定孩子的追星行为,但你要告诉孩子:"追星"要"追"得有意义，不可盲目地做一些"傻事"。那么，怎样"追星"才算有意义呢？就是说在"追星"的同时，学习别人的那些高贵品质。许多明星的人生道路并不是一帆风顺的，但他们之所以会成名，是因为他们付出了许多心血和汗水，由此可见，许多明星的品质是值得我们学习的。

你可以举一些能启发孩子的明星例子，比如，郑智化：他虽然是残疾人，但他身残志坚，毅然选择了自己所喜爱的事业——演艺。他靠坚强的意志，唱出了许多好听的歌，如大家都熟悉的《水手》。

当你告诉孩子这些后，他们就会有选择性地寻找自己心中的偶像，而不会盲目"追星"，同时，他们会学习这些明星身上的那些可贵品质，这就是"追星"的意义。

方法三：培养孩子正确的审美取向，让孩子知道什么是美

培根说："人一旦过于追求外在美，往往就放弃了内在美。"很多孩子之所以追星，完全是因为他们被明星俊美的外表打动，于是，他们刻意地模仿明星的穿着。这是因为孩子还不知道什么是真正的美丑，所以，父母要对孩子进行一些价值观的教育，让孩子知道，心灵美才是真的美。当孩子对审美的标准发生改变以后，也就理智多了。

> **心理小贴士**
>
> 　　现代社会，追星族中，学生占大多数。盲目地追星，对孩子的成长有着极为严重的负面影响。因此，作为父母，要正确引导孩子追星，让孩子理智地认识追星，这样，孩子就不会盲目地跟在明星后面，而是行动起来，为自己的目标奋斗，为自己的梦想努力！

让孩子正确认识"不公平"

生活中,我们总是强调人人平等、公平竞争等,但实际上,这个世界上是没有绝对的公平的。人的心理常常受到伤害的原因之一,就是期望每件事都应当公平。基于这种想法,人们一旦受到不公平的待遇,便开始抱怨、发泄内心的不满,而其实,我们完全没有必要苛求绝对的公平,这是一种不明智的做法。成人尚且如此,人生观、世界观尚不完善的孩子更是如此。关于这一点,有一个著名的"马太效应"。

《新约·马太福音》中有这样一个故事:

从前,有一个国王要远行。临出门时,他交给三个仆人三锭银子,并吩咐他们:"这是我给你们做生意的本钱,等我回来时,你们再带着所赚的钱来见我。"

过了一段时间,国王回来了,他的第一个仆人说:"陛下,你交给我的一锭银子,我已赚了10锭。"国王很高兴并奖励了他10座城池。

第二个仆人报告说:"陛下,你给我的一锭银子,我已赚了5锭。"于是,国王奖励了他5座城池。

第三个仆人报告说:"陛下,你给我的银子,因为害怕丢失,所以我一直包在手巾里,没有拿出来。"

国王一听,气不打一处来,便将第三个仆人的那锭银子赏给了第一个仆人,并且说:"凡是少的,就连他所有的,也要夺过来。凡是多的,还要给他,叫他多多益善。"

后来,这一现象被人们称之为"马太效应"。

事实上,在我们的生活中,马太效应也处处存在。而在孩子们的世界里,"马太效应"的作用多数是消极的。

例如,在一个班级里面,那些尖子生,老师就会认为他们在其他方面也是优秀的,并对他们寄予很高的期望,于是,在这种激励下,他们的表现会越来越好,而那些学习成绩差、调皮的学生,就会受到老师的冷落、同学们的孤立等。

现实生活中,很多孩子在学校遭遇了这样的不公平后,便会向父母抱怨,认为老师偏心,因为那些成绩好的同学犯错时,老师只是一笔带过,而自己犯了一点儿无心的过错却会被老师严厉批评,甚至叫家长。渐渐地,孩子们对老师产生逆反心理,这对于师生关系很不利。对此,父母要帮助孩子正确认识"不公平"。

具体来说,父母可以从以下两个方面入手:

首先,避免孩子总是提及别人。父母要引导孩子不要总是将注意力放在别人身上,而应该学会关注自己,这样,就不会因为比较而产生不公平的心理了。

其次,让孩子多关注生活中快乐的事。生活总有太多的不如意,但当孩子学会关注生活中那些令人如意,令人高兴的事情时,孩子就会豁然开朗。而且,当生活中的诸多快乐接踵而至时,即使没有一个好天气,孩子也会感到内心的喜悦。

总之,作为父母,你一定要让孩子明白,这个世界上总是有这样或那样的不公平,没有百分之百的公平,越是苛求所谓的公平,越觉得自己正在遭受不公平的待遇。凡事要摆正心态,要把注意力放到重要的事情上面,不必苛求百分之百的公平,否则就是自己和自己过不去。

> **心理小贴士**
>
> 在孩子看来,很多事是绝对的,他们希望得到绝对公正的待遇。而实际上,这个世界上是不存在绝对的公平的,因此,父母要告诉孩子,一定要学会摆正自己的心态,要注重自己的生活,不要把眼光放在他人的表现上,否则,就是自寻烦恼。

第3章　好妈妈懂点儿习惯心理学，让孩子从小学会健康生活

什么是习惯？习惯实际上是一种动作定型，是一种自动化的、稳定的、不容易改变的动作。习惯动作已经进入潜意识，不需要经过大脑思考，不需要刻意用意志去控制！一个人好习惯越多，对这个人成长越有利。所以，我们有必要让孩子从小就养成许多好习惯，从而帮助他在未来的人生中实现远大目标。

良好习惯是孩子一生的财富

习惯，是人们成长过程中，逐渐形成的一种行为倾向。从某种意义上说，"习惯是人生最大的指导"。世界著名心理学家威廉·詹姆士曾说：播下一个行动，收获一种习惯；播下一种习惯，收获一种性格；播下一种性格，收获一种命运！可见，拥有良好的习惯是十分重要的，它可以使人的一生发生重大变化。满身恶习的人，是不会有大作为的，唯有有好习惯的人，才能实现自己的远大目标。

因此，家长若希望自己的孩子拥有一个成功的人生，就必须从小教育孩子养成良好的行为习惯。因为孩子的习惯就像走路，如果选择了好的行为习惯，那他也就选择了一条正确的道路。其中，对孩子的行为有着重要影响的就

是惯性，阻止其走出自己选择的道路，生活中，人们把这种现象称为"路径依赖"。

路径依赖，又译为路径依赖性，它的特定含义是指人类社会中的技术演进或制度变迁均有类似于物理学中的惯性，即一旦进入某一路径（无论是"好"还是"坏"），就可能对这种路径产生依赖。一旦人们作了某种选择，就好比走上了一条不归路，惯性的力量会使这一选择不断自我强化，不会让你轻易走出去。

"路径依赖"理论被总结出来之后，人们把它广泛应用于选择和习惯的各个方面，包括父母应该如何培养孩子的习惯。我们先来看下面一个故事：

有人将5只猴子放在一只笼子里，并在笼子中间吊上一串香蕉，只要有猴子去拿香蕉，他们就用高压水教训所有的猴子，直到没有一只猴子再敢拿香蕉。然后，他们用另一只猴子替换出笼子里的一只猴子，新猴子不知这里的"规矩"，竟又去拿香蕉，结果触怒了原来笼子里的4只猴子，于是，它们代替人执行惩罚任务，把新来的猴子暴打一顿，直到它服从这里的"规矩"。

试验人员如此不断地将最初经历过高压水惩戒的猴子换出来，最后笼子里的猴子全是新的，但没有一只猴子再敢碰香蕉。

起初，猴子怕受到"株连"，不允许其他猴子去碰香蕉，这是合理的。但后来人和高压水都不再介入，而新来的猴子却固守着"不许拿香蕉"的制度不变，这就是路径依赖的自我强化效应。

对于孩子的未来，同样需要作好路径选择。为此，父母应该培养孩子正确的路径选择观点，让他们从小就懂得取舍，追求生活的真正意义。然而，习惯的养成并非一朝一夕之事，要想改掉某种不良习惯，常常需要一段时间。

因此，父母在培养孩子良好习惯的同时，需要注意以下几点内容：

1.好习惯要从小培养

孩子还在幼儿期时,家长就要注意培养孩子良好的生活习惯。然而,有些父母认为,等到孩子懂事了再培养,这样孩子更易接受,但实际上,这样只能适得其反。因为等孩子到了自我意识渐渐形成的年龄,父母过多的指令就会遭到孩子的反抗。年幼时如果养不成好习惯,就不利于孩子的健康成长。

2.必要时要使用强制的方法来约束孩子

生活中,孩子的很多习惯总是养不成,比如,饭前便后洗手等。如果你只是简单地提醒几次,那孩子还是会忘记,对此,你不妨经常叮嘱孩子,这样,他就能记住了。要知道,"强制出习惯"是个不折不扣的真理!可见,在养成好习惯,去除坏习惯的初期,父母必须采取强制措施来约束孩子。

3.父母需要以身作则

你如果是一个满身坏习惯的家长,又凭什么奢望你的孩子养成好习惯呢?因此,你必须重视言传身教的作用,在言谈举止和生活习惯方面给孩子树立一个好榜样。

> **心理小贴士**
>
> 在一定程度上,人们的一切选择都会受到路径依赖的影响,人们过去作出的选择决定了他们现在的选择,人们关于习惯的一切理论都可以用"路径依赖"来解释。任何一位家长,都必须把从小培养孩子的良好习惯作为家庭教育的重要内容。

好妈妈爱孩子也要为孩子立规矩

俗话说，"国有国法，家有家规""没有规矩，不成方圆"。为此，在家庭教育中，父母也应该为孩子制定一定的行为规则，比如，按时吃饭、睡觉、做作业等。制定规则有助于帮助孩子形成良好的行为习惯。关于这一点，有个著名的"热炉法则"。

"热炉法则"源自西方管理学家提出的惩罚原则，这条惩罚规则规定：任何人都是平等的，无论谁在工作中违反了制度，都要受到惩罚，这就像触碰了烧红的火炉一样。

关于这条规则，有四个特点：适用于任何人；警醒性；即刻性；彻底贯彻性。也就是说，工作前，就有一个火炉摆在那里，谁触碰了，谁就会被烫伤。

父母教育孩子，同样需要"热炉法则"。在家庭教育中，可能很多父母认为，孩子是需要奖励而不是惩罚的。实则不然，因为有一些孩子很任性，光靠说教根本不起作用。因此，对于他们的一些错误行为，必须采取惩罚措施。有教育专家认为："没有惩罚的教育是不完整的教育，没有惩罚的教育是一种虚弱的、脆弱的、不负责任的教育。"

曾经，在美国，有一个11岁的小男孩，他在踢球时，不小心将球踢到了邻居家的窗户上，打碎了他们家的玻璃。为此，小男孩和邻居协商好，他需要向邻居赔偿13美元。对于小男孩来说，这可是一个"天文数字"，小男孩为此很苦恼。

最后，他决定求助自己的父亲，但没想到的是，父亲居然让他自己想办法。

"我哪有那么多钱赔人家？"男孩非常为难。

"我可以借给你。"父亲拿出13美元,"但一年之后你必须还我。"

于是,为了偿还父亲借给自己的13美元,男孩开始了艰苦的打工生活。经过半年的努力,小男孩终于挣够了13美元这一"天文数字",偿还了父亲。

这个男孩就是日后的美国总统里根。他在回忆这件事时说:"通过自己的努力来承担过失,使我懂得了什么是责任。"

这里,我们发现,年幼时的里根总统通过"足球事件"获得了成长。这个故事告诉家长,在家庭教育中,惩罚的作用是无法代替的。惩罚作为一种教育手段,最大的优势是:有利于培养孩子从小树立对自己行为负责的观念。社会中的每个正常人都必须对自己的行为负责,孩子也不例外。凡是做错了事或说错了话,就必须承担相应的后果。

而让孩子形成良好的习惯,最好的方法就是制定规则。作为父母,想让孩子遵守规则,你要用行动,而不是冲着孩子吼叫或斥骂,也不是空洞地威胁。孩子犯了错,你生气、愤怒都无济于事,只有规则能让孩子对自己的行为负责,并逐渐培养孩子成熟的品质。相反,歇斯底里只会使孩子在情感上远离你,甚至导致亲子关系变得紧张,孩子自然不会服从你的教育。当然,在给孩子制定家庭规则时,父母需要注意以下几点:

1.规则要明确、细致化

给孩子制定规则,一定要简单易懂,让孩子容易遵守。

例如,让孩子做到遵守交通规则,就要让孩子知道红绿灯的作用;让孩子早睡早起,就要规定具体的时间。这样,孩子既容易理解,也容易做到。另外,你最好明确告诉他违反规则会受到什么样的惩罚。

2.告诉孩子制定规则的原因

家长语重心长地告诉孩子为什么要早睡,为什么要孝敬爷爷奶奶,孩子会感受到你的尊重，会认为你的话说得有道理，更会欣然接受你为其制定的规则。因此，在制定规则的时候，父母最好能和孩子一起沟通、交流、平等对话，鼓励孩子发表自己的意见，与孩子共同制定一些规则，这样可以使孩子有一种责任感、义务感，并自觉自愿地遵守。

3.任何规则都必须无条件执行

遵守规则就必须无条件执行，无论是时间、地点变化，都不能例外。比如，在外面不能说脏话，那么，回家也是如此。今天需要遵守这条规则，明天也是如此。

4.父母要以身作则

所有的规则不仅仅是立给孩子的，父母也要严格遵守、以身作则。

> **心理小贴士**
>
> 孩子的成长是离不开成人的督促的。作为父母，要细心观察孩子在日常生活中的行为习惯，如果发现孩子的言行不符合规则，那么，我们就应该及时提醒，并让孩子明白，一旦违反规则，某些惩罚就一定会降临到他身上。这样，孩子的规则意识就会在日常生活中慢慢得到强化。所谓"言必行，行必果"，这句话对父母和孩子都将受益无穷。

好妈妈不可溺爱孩子，要让其从小学会独立

我们都知道，人应该是独立的，独立行走，使人类脱离了动物界而成为万物之灵。每个孩子的成长过程都是一个逐渐独立与成熟的过程。一些父母在

教育孩子的过程中,常常只把眼光放到孩子的学习上,而忽视了孩子独立意识的培养。这些孩子一旦失去了可以依赖的人,他们常常不知所措。因此,父母必须让孩子独立起来。关于这一点,有个著名的狐狸法则。

狐狸世界的法则是:成年后就不能与父母住在一起,就不能靠父母养活,要自己去生活。这也是自然界的生存法则,所以你如果不知道如何生存,那你将会被大自然无情地淘汰。

狐狸们在很小的时候,就开始学习如何捕食,当它们成年后,老狐狸就不再允许它们留在身边,而是无情地驱赶出去,迫使它们去独立生活,去开拓新的生存领域。即便那些不能,或不愿独立生活的小狐狸哀求老狐狸留下时,老狐狸们也是毫不留情地把它们赶走。

然而,在我们人类社会,随着物质生活水平的提高,很多父母把帮助孩子积累财富当成"终生事业",千方百计地为孩子积累钱财。而这也给孩子们一个误导,父母留给自己"金山银山",就可以高枕无忧了,实际上,即使金山银山,也有吃空的一天。而且,坐享其成会使孩子们养成依赖性和惰性,使他们未来的生活困难重重。

从前,有一对夫妇,老年得子,高兴异常,所以对这个"老来子"十分疼爱,几乎不让孩子做任何事,孩子除了吃喝以外什么都不会。就这样,很快,这个孩子长大了。

一天,老两口要出远门,担心儿子在家没法照顾自己,就想了一个办法:临行前烙了一张中间带眼儿的大饼,套在儿子的脖子上,告诉他想吃的时候就咬一口。

可是,这个孩子居然只知道吃颈前面的饼,不知道把后面的饼转过来吃。等老两口回来时,儿子竟活活饿死了,而大饼只吃了不到一半。

这个故事告诉所有的父母，教育孩子，一定要培养孩子的独立意识，孩子只有学会独立，才能具备生存的能力。"自己动手，丰衣足食"说的就是这个道理。

根据狐狸法则，我们的家长需要从以下几个方面培养孩子的独立意识和独立能力：

1.让孩子学会自理

日本的家长从小就给孩子灌输"自己的事情自己完成"，所以日本孩子外出时，再重的包裹也要自己背，如需别人来帮忙，那会被别人看不起。

因此，家长不能再对孩子的生活大包大揽，要放手让孩子学会自理。凡是在孩子的能力范围内的事情，家长应该鼓励孩子大胆尝试，坚持让孩子自己动手，这样才能在潜移默化中培养他们的自理能力。

2.让孩子学会独立应对生活中的一些问题

不管做什么事，总有一个从不会到会的过程。为此，家长可以让孩子独立面对一些生活中的小问题，比如，当你有事出门时，你可以让孩子自己做饭吃；家里来了客人，应该让孩子学会主动打招呼等。

3.给予孩子一定的信任

作为父母，要相信自己的孩子有独立思考的能力，有独立解决自己问题的能力。在日常生活中，耐心倾听、观察孩子的需求和表现，鼓励孩子大胆尝试，给予孩子充足的信任感，在孩子确有需要时，提供适当的协助，引导其解决问题。

> **心理小贴士**
>
> 所有的父母都是爱孩子的，但父母不可能陪伴孩子一生，如果不

> 能及早让孩子学会独立，那么，当孩子不得不独立去面对这个世界的时候，他将无所适从。因此，任何一个父母，都应该把培养孩子的独立自主能力当成家庭教育的重要部分，应该为孩子多创造锻炼的机会。

纠正孩子做事拖拉的不良习惯

生活中，我们很多人有这样的坏习惯：面对要完成的事情，人们都会尽量把事情拖到最后期限才去做，到了不能再拖的时候才拼命完成，这种拖拉现象在心理学上叫作"最后通牒效应"。其实，不仅我们成人如此，很多孩子在成长的过程中也会有这样的坏习惯，比如，早上起床，发现要迟到了，他们才从床上爬起来；要考试了，他们才发现有很多知识点没有复习。而在寒暑假作业上，孩子们更是将这一效应发挥得淋漓尽致。

对于孩子来说，他们每个学期最盼望的就是放长假，一到长假，他们就可以暂时摆脱学习的压力，不需要每天按时上学、做功课，可以和伙伴们尽情地玩。放假前，他们会对自己的假期有无限的憧憬，也会制订很多计划，但他们似乎忘记了假期还有一个重要的任务——完成老师布置的作业。因为孩子们会认为，假期长着呢，先好好玩吧。

但假期总会过去，很快，孩子们发现快开学了，可是作业还没做呢。"一个星期肯定能搞定"，孩子们这样为自己打算着。但实际上，真到最后一星期的时候，他们发现作业太多了，太难了，自己根本没有精力和能力完成所有的假期作业。于是，他们开始给同学打电话，开始走街串户，只为"借"作业"参考"一下，用半天的时间就完成了一个假期的作业，孩子们悬着的心终于落了地。

面对长假作业，孩子们的拖拉就是典型的"最后通牒效应"。其实，很多人有这样的毛病，因为人们都愿意先享受轻松的时刻，将负担任务放到最后突击完成。但事实上，"临时抱佛脚"往往只能勉强过关。而当下次再遇到这种情况时，孩子还会重复这种做法。以这样的态度去学习、生活，孩子又怎么能形成良好的习惯呢？因此，每一个家长都应该意识到这一点，绝不能让孩子养成拖拉的习惯。

另外，做事拖拉表面上看是享受了快乐，但实际上，这是一种心理的折磨。试想一下，总有一件未完成的事压在心里，不能放弃，不能忘记，时不时地还要打扰快乐的心情，这种感觉多么纠结和痛苦。

因此，我们要告诉孩子，既然不能逃避问题，那何不先解决了再尽情地玩耍呢？如此感受快乐的心境和有事情没有完成的心境是截然不同的。

然而，孩子毕竟对自己的行为缺乏一定的自制力，他们总想先玩耍，对此，就需要家长要求他们在规定的时间内做完应该做的事，让孩子产生一种紧迫感，这样完成的作业就比仓促之下完成的效果好得多，孩子在假期也能真正学到一定的知识。当孩子养成"今日事今日毕"的好习惯后，他会终身受益。

当然，督促孩子并不是说要孩子二十四小时都努力学习，当孩子完成作业非常辛苦的时候，家长最好不要打扰他，更不要逼迫孩子做事情。只要不是最后通牒，适当放松一下有助于他更好地完成剩余工作。

心理小贴士

拖拉是一种坏习惯，也容易引起心理内疲和焦虑，那些做事拖拉

> 的人常常受到一定程度的心理折磨。一些现代教育专家认为，人们拖拉的真正原因其实就是恐惧。而驱除恐惧的唯一办法就是迎向它，行动起来，尽早完成任务。因此，作为父母，如果你的孩子也行事拖拉，那么，你一定要引起重视，因为这对于孩子的成长和未来的发展是十分不利的。在日趋激烈的竞争中，磨蹭拖拉的人是很容易被社会淘汰的。因此，家长要努力纠正孩子拖拉的坏习惯。

聪明妈妈懂得保护好孩子的好奇心

生活中，作为父母，当你的孩子缠着你问"为什么"的时候，你是怎么做的？是耐心地为他解释，还是批评他多事、厌烦？其实，孩子问"为什么"，说明他们开始展露他们的好奇心。在孩子成长的过程中，好奇心非常重要，这是他们探索世界的动力。所以父母要学会挖掘、保护孩子的好奇心，鼓励孩子积极探索与求知。

人都是充满好奇心的，对于自己不明白的问题，我们总想探个究竟。这一点，在孩子身上体现得尤为明显。孩子常常向父母问这问那，但很多父母对此感到不耐烦，其实，他们往往忽视了重要的一点，好奇心是促使孩子学习、成长的良机。

3岁的小雅相对于其他同龄的女孩来说，显得格外活泼好动。周末，妈妈带她到公园去玩。妈妈轻声和女儿交谈着，可是一回头却发现小雅不见了，妈妈急忙四处寻找，发现在不远处的草地上，小雅正趴在地上，专注地玩什么东西。

妈妈悬着的一颗心落下了，她悄悄地走到小雅背后，发现她正专心致志地用草棍拨弄着一只小蚂蚁，翻来覆去，仔细观察蚂蚁的每个动作。"宝宝，你在干什么？"妈妈问。"妈妈，我正在玩小蚂蚁。"小雅连头也没回地答道。妈妈受到了启发，这是孩子好奇心的表现。

回家后，妈妈给小雅买了一只会叫、会飞的玩具小鸟。小雅高兴极了，爱不释手，她专心致志地观察小鸟的各种动作。第二天，妈妈下班回家，却发现女儿正动手拆玩具鸟，桌子上已经摆着几个小零件。见妈妈来了，小雅似乎有些害怕。妈妈故意板着脸问："你怎么把玩具给拆开了？"小雅怯生生地说："我只是想看看它肚子里有什么，为啥会拍翅膀、会叫。"

妈妈很高兴，她相信：会玩的孩子才会学。于是，她鼓励女儿说："宝贝，你做得对，应该知道它为啥会拍翅膀。"听了妈妈的鼓励，小雅高兴极了。不一会儿，小雅就把玩具鸟给拆开了，并对里面的结构观察起来。

小雅妈妈做得对，会玩的孩子才会学。活泼也是一种特征，每一个活泼好动的孩子，总是具有敏锐的观察力、想象力和思考力，而这些才是成才的关键。

具体来说，在培养孩子好奇心方面，父母可以从以下几个方面入手：

1.孩子发问，就要积极回答，不要挫伤孩子的积极性

如果孩子问你"为什么"，父母不要以"以后你就会明白了"等敷衍塞责的话回应孩子。父母应认识到，好奇是孩子认识世界、实现社会化的起点，如果不予以支持和鼓励，将会挫伤其积极性。

2.为孩子提供动脑、动手的机会

生活中，你可以利用孩子好动的特点，为他们多提供动手的机会，比如，他的小玩具坏了，你可以让孩子试着修修看，让孩子体验到一种自我成就感和乐趣。

3.让孩子自己寻找答案

孩子对周围的事感到新奇，对于这一点，父母应该把探索的机会留给孩子，而不是直接把答案告诉孩子。

> **心理小贴士**
>
> 对于孩子的好奇心，父母应该用正确的态度加以培养，不但要热情地回答孩子的问题，还要创造机会，培养孩子的好奇心，让孩子主动去探索、观察，促进他们的求知欲。一时回答不了的问题，不能一推了之，更不能胡编乱造，而应努力与孩子一起寻求正确的答案。

正面标签对孩子有积极影响

生活中，我们常听到这样一句流行语："说你行你就行，不行也行；说你不行就不行，行也不行。"从心理学的角度讲，这句话有一定道理。一个人的成长，除了先天因素外，其他种种影响因素中，社会评价和心理暗示起着非常大的作用。而在他们成长的过程中，他们最信任、最亲近的就是父母，如果父母给他们的评价是正面的，那么，孩子长大后就会自信、开朗、勇敢。关于这点，心理学有个著名的"标签效应"。

所谓"标签效应"，是指当一个人被他人贴上一定的名称后，他的行为会自动地与这一标签的内容一致，这是因为他们做出了自我印象管理。

心理学认为，之所以会出现"标签效应"，主要是因为"标签"具有定性导向的作用。标签无论是好的还是坏的，它对一个人的个性意识都会有强烈的影响作用，给一个人"贴标签"的结果，往往是使其向"标签"所喻示的方向发展。

的确，孩子的世界是简单的，他们的情感也是最直接的，作为父母，你给他贴上什么标签，他就会做出与标签一样的事情来。比如，如果你赞扬他是个乖巧的孩子，那么，他就会按照你的意愿，处处都表现得乖巧：不说脏话，主动做家务，不与小朋友打架等；相反，如果你说他不听话，那么，他就会骂人、打人，做出一些让人生气的事情来。

因此，在家庭教育中，每一位父母都应该认识到标签效应的显然作用，尽量不要给孩子贴负面标签，当孩子受挫后，应该找出孩子的闪光点，把这个亮点放大，贴在他身上，这样他就会向着你期望的目标一步一步迈进。

曾经有一位科学家，在他成长的过程中，他的母亲对他的影响很大。

在他很小的时候，一次，妈妈让他从冰箱里拿出一瓶牛奶，但他一不小心把牛奶瓶打翻了，牛奶洒得到处都是，他害怕极了，生怕母亲会骂他。

谁知道，母亲听到声响后，走进厨房，看到满地的牛奶并没有生气，而是对他说："哇，你制造的混乱还真棒！我几乎没见过这么大的奶水坑。反正事情已经发生了，你看我们在清理它之前要不要先玩几分钟？"于是，他真的这么做了。

几分钟后，母亲说："你知道，现在的场面是你造成的，你是男子汉，应该把事情摆平，那现在家里有海绵、毛巾，还有拖把，你想怎么处理？"他选了海绵，于是，他们一起清理满地的牛奶。

母亲又说："我知道你不是故意把牛奶打翻的，是因为瓶子太沉了，那你要不要再做个试验，看自己能不能拿起一瓶牛奶呢？现在让我们到后院去，把瓶子装满水，看看你是否拿得动它。"他采纳了妈妈的建议，将牛奶瓶装满水并抓在手上，这一次他发现，如果用双手抓住瓶子上端接近瓶口的地方，他就可以拿住它。

后来，这位科学家回忆说，他的母亲是伟大的，她一直采取独特的教育方式，让自己从来不害怕犯错误。他还认识到，错误只是学习的机会，科学实验也是如此。即使实验失败了，我们还是会从中学到有价值的东西。

这里，我们看到了正面的标签对一个人的积极影响。

那么，作为父母，该如何让标签产生积极的作用呢？

1.多看到孩子的优点

教育要严格，并不是说要将孩子批评得一无是处，为此，家长最好从多方面、多层次了解和评价孩子，不能只盯住孩子的缺点。

2.多鼓励你的孩子，不能因为一次错误而给孩子贴上永久的负面标签

孩子难免犯错，父母要给孩子改错的机会，并鼓励孩子，因为每个孩子都是不断地在犯错、认错、改错中成长的。错误是这个世界上的一部分，也是与人类共生的一部分。父母切勿因为孩子的一次错误而给孩子贴上永久的负面标签。

3.适度夸赞孩子的优点

孩子表现好时，父母要给予表扬，这有利于增强孩子的自信心，但是赞赏之言不宜过分夸大，要把握一定的度，否则会让孩子变得骄傲自负。

> **心理小贴士**
>
> 对于别人对自己的评价，孩子会下意识地产生一种认同感，进而以此塑造自己的行为。而且，这种评价出现的次数越多，对孩子的心理和行为的塑造固化作用越强，甚至会影响其终生。

从小培养孩子的竞争意识

关于竞争,字典里是这样解释的:为了自己的利益而跟别人争胜。良性竞争是发展自己、提高自己的动力,所以,在家庭教育中,倡导孩子进行良性竞争是很有必要的,尤其在当今竞争如此激烈的社会,只有学会竞争,才能更好地适应社会。相反,如果不鼓励孩子参与竞争,就很难开发他们的潜力,更不用说发掘出人生的深层意义和享受美好的人生。关于这点,心理学上有个"鲶鱼效应"。

挪威人喜欢吃沙丁鱼,尤其是活鱼。而且,市场上活鱼的价格要比死鱼高许多,所以渔民总是千方百计让沙丁鱼活着回到渔港。可是经过种种努力,绝大部分沙丁鱼还是在中途因窒息而死亡。但有一条渔船总能让大部分沙丁鱼活着回到渔港。船长严格保守秘密,直到船长去世,谜底才被揭开。原来船长在装满沙丁鱼的鱼槽里放进了一条以鱼为食的鲶鱼。鲶鱼进入鱼槽后,由于环境陌生,便四处游动。沙丁鱼见了鲶鱼十分紧张,左冲右突,四处躲避,加速游动。这样沙丁鱼缺氧的问题就迎刃而解了,也能欢蹦乱跳地被带回到渔港了。

这就是著名的"鲶鱼效应"。"鲶鱼效应"告诉我们,竞争可以激发人们内在的活力。对于孩子的教育同样如此,父母应该培养孩子的竞争意识。

一位家长有这样的隐忧:儿子在小区里有三四个要好的同学,他们经常到我家玩电子游戏,比如,赛车、三国等。他们在一起很友好,但友好得让我有点儿担心,因为他们从不比第一。这或许是因为我们家长自身的竞争意识很淡,所以儿子也缺少竞争意识,但是如此身体力行地教育男孩子,将来我们这些妈妈会不会也'栽培'出新一代的'啃老族'?"

其实，这位家长的隐忧是有道理的，不愿意做元帅的士兵不是好士兵，所以家长必须从小培养孩子的竞争意识，引导他们适者生存。也有越来越多的家长认为，"乖"孩子已经不适应社会了，要想将来不被社会淘汰，就要从小培养竞争意识。为此，家长们纷纷出"奇招"为孩子在竞争中获胜创造条件，如带孩子参加招聘会，给孩子报名参加各种比赛等，让孩子从小体会到成人世界的压力，并将压力转变为学习的动力，让孩子具备实力。这样培养出来的孩子自然不怕竞争，在竞争中也就敢于过五关斩六将，最终获得成功。

当然，我们运用"鲶鱼效应"激励孩子时，并不是简单地找几个学习更好的孩子来作比较，而是要讲究一些方法。具体来说，家长可这样做：

（1）在帮助孩子寻找竞争对手时，是找一个还是几个，这需要家长根据孩子的具体情况作出决定。

（2）注意帮助孩子寻找竞争对手的时间。在孩子取得一定成绩，并暗自得意时，最合适为其找竞争对手。

当然，我们还需要注意的是，竞争意识不是最重要的，意识在孩子成长过程中会逐步形成；重要的是竞争心态，只有建立良好的心态，孩子才能正确竞争面对一个充满激烈竞争的世界，家长在引导孩子树立竞争意识的同时，也要教育孩子要有友爱意识，要良性竞争，否则他们会在竞争中变得冷酷无情，甚至开始恶性竞争。

心理小贴士

竞争的力量会让一个人发挥出巨大的潜能，创造出惊人的成绩。因此，每一位家长都应该让孩子树立竞争意识，并把培养孩子的竞争能力当作家庭教育的一项重要内容。

教育孩子勿以恶小而为之

日常生活中,可能我们都有过这样的体验:一个错误的数据,可以导致整个报告成为一堆废纸;一个标点的错误,可以使几个通宵的心血白费;一个烟头的失误,可能导致一场巨大的火灾。这就是细节的力量。生活中,人们常说:"勿以恶小而为之",一个小的坏习惯可能会让我们最终走上错误的道路。

对此,有个著名的"蝴蝶效应",人们对于这个效应最常见的阐述是:"一只南美洲亚马孙河流域热带雨林中的蝴蝶,偶尔扇动几下翅膀,两周以后在美国得克萨斯州就会引起一场龙卷风。"其原因就是蝴蝶扇动翅膀的运动,导致其身边的空气系统发生变化,并产生微弱的气流,而微弱气流的产生又会引起四周空气或其他系统产生相应的变化,由此引起一个连锁反应,最终导致其他系统的极大变化。

此效应说明,教育无大事,处处皆小事。作为父母,我们更应该时刻关注孩子的成长,告诫孩子"勿以恶小而为之",因为任何大事都是由无数小事重复叠加而成。等到事态严重时,我们才如梦方醒,又有什么意义呢?

成功始于习惯,失败也始于习惯;成功者有成功的习惯,失败者有失败的习惯!每个孩子在成长的过程中,都有自己的行为习惯,但有些行为习惯是家长必须帮助孩子克服的。具体来说,这些坏习惯有:

1.自制力不强

孩子自制力的形成不是一蹴而就的,也不是孩子下了决心就能获得的,这是一个长期的过程。

以学习为例,家长在教育孩子好好学习的过程中,他如果决定从明天起好好学习，并且每天学习10小时以上，那么，他很可能因为没有达到目标而气馁。可如果家长先给他定一个较为合理的目标，比如，他可以在第一周每天学习1小时，少玩15分钟，倘若能做到这一点，第二周每天学习1个半小时，少玩20分钟，如果再做到这一点，就可以每天学习2小时，少玩30分钟。慢慢地，他便会发现，自觉地学习已经成了一种习惯，而自制力也自然而然地形成了。任何坏习惯的改变或好习惯的形成都可以采取这个方法。

2.准备不足

很多孩子明明学习成绩很好，但为什么一到考试就失利，这主要是因为他们对自己太自信了，认为自己不用复习就能取得好成绩，实则不然，考试前的准备不充分是很多孩子失利的重要原因。因此，你必须告诉孩子，无论你对自己的评估如何，都不要掉以轻心。

3.不能坚持到底

可能你的孩子也想努力做好一件事，比如，学习某件乐器等，但是因为他的中途退缩，最终往往不能成功。因此，你必须让孩子尽早改掉这一坏习惯，否则会影响孩子一生。

心理小贴士

古人云："勿以善小而不为，勿以恶小而为之。"生活中，孩子的一些小的坏习惯看来无关紧要，但作为家长，如果不及时提醒孩子，并帮助孩子纠正，那么，很可能会影响孩子健康成长。教育无小事，我们对孩子的任何一次行为的态度，孩子都会记在心里。想要孩子拥有成功的人生，就要让其改掉坏习惯！

延迟满足，培养孩子的自控能力

"金无足赤，人无完人。"人最大的敌人是自己。只有战胜自我的人，才是真正的强者。这就考验了人的自制力。一个有着强烈自制力的人，就像一辆有着良好制动系统的汽车一样，能够在很大程度上随心所欲，到达自己想要去的任何地方。因此，我们可以说，美好人生就是从自我控制开始的。而生活中，人们之所以会做一些让自己后悔的事，大多是因为自制力薄弱，抵挡不住诱惑。可见，任何一个父母在教育孩子的过程中，一定要培养孩子的自控能力，让孩子学会约束自己，这样他才能战胜未来生活中的种种困难，取得成功。

关于这一点，心理学上有个概念叫延迟满足，它是指人们为了获得更大的目标，可以先控制自己的欲望，放弃当下的诱惑。一个人如果没有忍耐力，那么，在遇到压力时就会退缩不前或不知所措。生活中，我们发现，一些家长因为自己年轻时受过很多苦，所以对于自己孩子的各种要求，他们都尽量满足，久而久之，孩子对物质的需求或对欲望的需求就会越来越弱，因为不需要通过努力就能得到。而一个自我延迟满足能力强的孩子，成年后在面对困难和挫折时，知道自己要付出很多才能达到那个目标。

事实上，懂得控制自己欲望的孩子的眼光是长远的，他们在成年后，会对眼前的事作出综合的考虑，考虑这件事情现在对我有没有利，五年以后有没有利，十年以后有没有利。如果小时候不控制自己，长大了就会习惯"控制不住"的状态，矫正起来则比较难。

那么，父母该如何培养孩子的自我延迟满足能力呢？

1.适当延迟满足孩子的时间

要想培养孩子的自我延迟满足能力,就不能对孩子太过迁就,当他们想要什么时,我们可以适当延迟一下时间,比如,半小时后再来满足孩子的要求,在这个过程中,孩子的忍耐力就会有所提高。

2.立场要坚定,态度要温和

你如果想拒绝孩子的要求,那么,你就必须表现得立场坚定,进而让孩子明确自己的要求是无理的,但同时,你的语气必须温和,这样才能真正以理服人。

比如,孩子想买一样东西,你可以这样说:"抱歉,宝贝,妈妈最近经济有些拮据,大概三天后妈妈才能拿到钱,那么,这三天妈妈必须努力工作,而你在这三天能帮妈妈干点儿家务吗?到时候妈妈再给你一点儿补助,三天后妈妈再买给你好吗?"这样温和地说,能让孩子感受到:"妈妈虽然没给我买,但妈妈是有原因的,妈妈也是爱我的。"

然而,很多父母在这方面做得并不好,一旦孩子提出的要求不合理,他们总是对孩子疾言厉色,甚至打骂孩子,这样孩子既得不到这个玩具,又觉得你不爱他。

因此,我们在教育孩子的时候一定要态度温和,要客观地看待孩子的要求,当孩子做出任何不好的举动时,要学会包容和接纳,这样我们在与孩子进行一切互动时,就能很好地把握分寸。

3.是否满足孩子要看孩子的要求是否合理

当孩子提出某个要求时,家长是否立刻满足,最重要的是看这个要求合不合理。如果孩子的这个要求是合理的,就应该马上满足;如果孩子提出的要求不合理,就一定要拒绝,但家长需要注意的是,在拒绝孩子的时候一定要告诉他原因,告诉他怎样做才是对的。

心理小贴士

家庭教育中，每个父母都要遵循孩子的天性，但这并不意味着我们要满足孩子的所有要求。相反，适当延迟满足，有利于培养孩子控制自己欲望的能力。这一点，需要家长在生活中加以贯彻实施，当你的孩子明白只有付出才有回报时，他就拥有了一定的自控力。

第4章 好妈妈学点儿成长心理学，不剥夺孩子个性空间

美国教育家塞勒·塞维若说过："父母生养子女的目的，不该把他们作为自己的延续，也不该把他们当作自己的影子，做宽容的父母，就要让孩子的一切只属于他们自己。"的确，每个孩子都是独立的个体，在成长的过程中，父母一定要赋予孩子个性空间。孩子喜欢做什么，就让孩子自由地去做吧，让孩子做真正的自己，而不是成为父母的傀儡。

妈妈用心呵护孩子的梦想，孩子在未来才有一飞冲天的可能

生活中，我们每个人都有梦想，一个人只有有梦想，才能活在希望中。而人们常说，童年是梦想的故乡，在孩子的世界里，一切都是新奇的，未来是充满希望的，因此，他们经常会做各种各样的梦。真爱孩子的父母应当精心保护孩子的梦想，这样，梦想的种子才有可能长成参天大树。这就是著名的梦想法则。关于梦想，有个"少女沃森"的故事：

沃森住在澳大利亚的一个海岸边上，她是一个有梦想的女孩，从小就对航海有一种情结。曾经，她和家人一起出海航行。后来，她向当地政府提出要独自航海，却引发了一场争议，所有人都认为她在做白日梦，甚至连当地海事部门都登门拜访，希望她能放弃独自航海。

然而，沃森却坚持自己的梦想，她的父母也全力支持她，他们相信自己的女儿能做到。当沃森独自完成航海壮举后，面对总理陆克文给予自己"英雄"的赞誉，沃森却说："我不是英雄，我只是一个相信梦想的普通女孩。"

这里，我们不但佩服沃森的壮举，更庆幸她有如此明智的父母。面对孩子的梦想，父母要做的不是抹杀，不是打破，更不是冷嘲热讽，而是默默呵护，并与孩子一起坚守与实现。

然而，很多父母面对孩子这样或那样的梦想，会说："别净想那些，好好学习吧！""你是不是脑子进水了？""吃饱撑的吧你？"就这样，孩子的第一个梦想就被父母扼杀在摇篮里了。或许，你的孩子按照你的规划慢慢成长着，他也很优秀，最终也很成功，但实际上，你的孩子只不过是你的"傀儡"罢了。而且，他的内心不一定快乐，因为他没有做他想做的事，过他想过的生活。所以请呵护孩子的梦想吧，就像呵护他的生命一样！

实际上，和事例中的沃森一样，几乎每个孩子都有自己的梦想，梦想是孩子对自己未来的美好设计。天真无邪的孩子在谈到自己的梦想时，总是表现得那么兴奋、那么激动，因此，当老师为他们布置作文——《我的梦想》时，他们总有说不完的话，写不完的内容，但是他们的梦想常常被父母泼冷水。有一个小学三年级的男孩子曾对母亲说，长大了我要去人民大会堂工作，而母亲却说："你也不看看你现在的成绩，恐怕将来人民大会堂清洁工的工作你都做不了。"就这样，孩子的梦想在母亲的讥讽下破灭了。如果这位母亲能像沃森的父母那样认真对待孩子的那份梦想，没准孩子真的能实现自己的梦想呢。

每个孩子都是天真的，也是敏感的，父母对他们的态度都在无形中影响着他们的个性，如果父母能肯定他们的梦想，那么，他们便能获得无穷的力量。因此，当孩子提到自己想成为某个偶像时，家长可以和孩子一起讨论他的偶像的成长史，从而让他明白：要成功，就要付出汗水。

> **心理小贴士**
>
> 人因梦想而前行，任何人，一旦在心底种上了梦想的种子，那么，他就会走向光明大道。对孩子来说，梦想有着无穷的魅力，对孩子的成长具有巨大的牵引和激励作用。因此，作为父母，一定要精心呵护孩子的梦想，让孩子插上梦想的翅膀，从而飞得更高、更远！

不断尝试，让孩子在实践中成长

在中国，所有的父母都希望孩子能有出息，能做出一番成就，因此，为了不让孩子输在起跑线上，从孩子上学开始，他们就规定：你的主要任务就是学习。他们不让孩子做任何家务，就连孩子穿衣、洗澡、收拾书包等，他们都代劳了。在这种情况下，越来越多的孩子完全依赖于父母，他们四体不勤，五谷不分，无法独立生活。这实际上是非常不正常的教育理念。

生活中，很多父母强调教育这一概念，但实际上，真正的教育源于生活，让孩子多参与生活实践，让孩子吃点儿苦，孩子才有能力、有毅力面对未来生活的挑战。关于这点，1954年，加拿大麦克吉尔大学的心理学家进行了"感觉剥夺"实验：

这些被试者都被"全副武装"了，他们被戴上了半透明的护目镜限制其视觉；用空气调节器发出的单调声音限制其听觉；手臂上戴上纸筒套袖和手套，腿脚用夹板固定，限制其触觉。

然后，这些被试者被单独安排在了实验室里。

几小时后，这些被试者开始恐慌，产生幻觉。在实验室连续待了三四天后，被试者都不同程度地产生了许多病理和心理上的症状：出现错觉、幻觉；注意力涣散，思维迟钝；紧张、焦虑、恐惧等，实验后需数日方能恢复正常。

"感觉剥夺"实验表明：感觉是人最基本的心理现象，通过感觉人们才能获得周围环境的信息，并适应环境求得生存。一个人的成长是建立在和外部世界的广泛的接触上的，一个人只有生活在一定的社会集体中，才能更好地成长、发展。

然而，生活中有太多的父母不愿意让孩子吃苦，不愿意让他们接触外面世界的阳光和鲜花，不愿意让他们接受风霜雨雪的洗礼，孩子的生活里除了学习，再也没有其他。温室里的花朵，尝不到困难、挫折的滋味，因而养成了怯懦、吃不得苦、经不起挫折等一些不良品行。

事实上，如果你的孩子能够独立完成一件事情，父母就不要担心一时的成功与失败。只要孩子努力去做一件事，那就是成功的开始。聪明的父母会避免在不知不觉中强制、束缚孩子，会留给孩子自由发展的空间，注重孩子独立生存能力的培养。

因此，你如果是个事事为孩子包办的家长，那么，你必须做出一些改变：

1.把命令改为商量

在很多问题上，父母不要太过武断，也不要替孩子作决定，而应该先问询孩子的意见，"你是怎么认为的？""你打算如何处理呢？""你打算什么时候开始做呢？"这就表示了我们对孩子的尊重，在了解了孩子的想法后，如果有些部分不正确，那么，我们再以研究和探讨的语气与之商量：

"我能理解你的想法，但我们还要考虑这件事的可行性，不是吗……你认为妈妈说得对吗？"

孩子是聪明的，是有判断力的。如果你的话有道理，孩子一定会采纳的。同时，你们之间的交流会越来越多，亲子关系也会越来越好。

比如，孩子周末想去朋友家玩，你可以和孩子商量，让其和更多的孩子去交往，但一定要讲究原则，如你去的地方要告知家长，你什么时候回，都有哪些人，玩多长时间。如果孩子要求在朋友家住，你要告诉孩子不行，如果晚了，爸爸妈妈可以去接你，那样爸爸妈妈才不会担心。支持他，同时也告知他不能破坏原则，这样既给了孩子一个空间，让他自己去体验、去成长，又不至于放纵他。

总之，家长要学会以商量的方式去解决问题，即使商量失败也没关系，至少增进了你们之间的感情，也有利于以后的沟通。

2.不妨让孩子吃点儿"苦头"

成长阶段的孩子总会犯错，对此，家长不必恐慌，要允许孩子犯一点儿错、吃点儿亏，不要过分束缚孩子的手脚。

举个很简单的例子，如果你的儿子"要风度不要温度"，寒冬腊月坚决不穿毛衣，如果商谈没成功，不用着急，让他挨一次冻，若真感冒了，他就会明白你的意图，至少以后会考虑你的意见。

> **心理小贴士**
>
> 　　现代社会，虽然很多家庭只有一个孩子，家长都宠爱孩子，但不要过于心疼孩子而不让孩子去独立做事，而是要给孩子机会去尝试做各种事情，累的、苦的都要经历，让孩子不断地在成长过程中锻炼自己，这

样他们才能早日形成独立生存的能力，这对孩子的一生大有裨益！

教育要与时俱进，妈妈不要总以老眼光看孩子

有个学习成绩不太好的五年级小学生，非常喜欢猫，平时对猫观察得非常仔细，对猫的生活习性、爱好等了如指掌。在一次自选题的作文中他获了奖，题目是"我和我的小花猫"。结果，语文教师却认为这是他抄袭的。

为什么会这样呢？究其原因是这个语文老师患了"印象病"，也就是心理学上的"刻板效应"。"刻板效应"又称定型效应，是指人们刻印在自己头脑中的关于某人、某一类人的固定印象，以此固定印象作为判断和评价人依据的心理现象。

实际上，在家庭教育中，许多父母会犯刻板看待孩子的错误。在父母的眼中，孩子似乎永远问题多于成绩，其实，父母就是因为"刻板效应"而看不到孩子身上的点滴进步和闪光点。这种刻板心理往往造成父母评价孩子时过于消极，从而导致亲子关系紧张，使孩子产生逆反心理。

那么，在教育孩子时，家长该怎样避免"刻板效应"呢？

1.要用发展的眼光看待孩子

古人云："士别三日，刮目相看。"任何人、任何事都不是一成不变的，我们的孩子也是不断进步的。同时，孩子对于父母的态度是很在意的，假如你的孩子进步了，你一定要赞扬他，而不是用老眼光来看待他的缺点。

玲玲和洋洋是很好的朋友。这天，洋洋来玲玲家玩，玲玲妈妈就留洋

洋在她家吃饭，吃饭期间，自然提到了学习成绩，洋洋说自己这次考试又是满分。

听到洋洋这么说，玲玲妈妈就开始数落玲玲了："你就不能和洋洋学学？你的成绩总是那么糟？上次月考竟然有一门不及格，去年还是倒数第十名，像你这样上课注意力不集中，不专心听讲，又不求上进的人，怎么能取得好成绩？吃完饭回房间好好想想，我不想看到你这个样子。"

虽然不是第一次被妈妈训斥，可玲玲觉得好没面子，只好回了房间。

其实，日常生活中，很多孩子有过玲玲这样的待遇。一些父母根本看不到孩子的进步，总是数落孩子的缺点，并且当着其他人的面，这使孩子的自尊心受到严重的伤害。

而明智的父母懂得关注孩子的每一个微小的进步，当孩子进步时，他们会给予夸奖，让孩子感受到父母的关注，也让孩子明白无论他的成绩如何，只要他努力了，就是好孩子。

事实上，孩子对于自己的进步是非常敏感的，但孩子最希望得到父母的认同，如果父母总是拿老眼光看待孩子，看不到孩子的进步，那么，时间一长，孩子就不愿意再向你敞开心扉了。如果父母能够及时发现孩子的进步并给予表扬，孩子就会敞开心扉，把父母当成好朋友。而且，融洽的亲子关系是家庭教育最基础的保证。

2.要全面地看待孩子

有时候，家长对孩子产生刻板印象，是因为他们只看到了孩子的某个方面或者某些方面，而没有全方位地了解孩子。家长是否发现，你的孩子虽然学习成绩不好，但他的人缘却很好，别人总是愿意和他交朋友，对于这点，你夸赞过他吗？

3.要客观地看待孩子所做的事

无论你的孩子做了什么,你都要从事情本身评价,这样才能避免因刻板印象而误解孩子。

> **心理小贴士**
>
> 在社会心理学中,这种用老眼光看人所造成的影响,被称为"刻板效应"。它是对人的一种固定而笼统的看法,从而产生一种刻板印象。家庭教育中,家长要看到孩子的点滴进步,要学会从多方面看待孩子,只有这样,才能对孩子产生认同感,才能加深亲子间的关系,才能使家庭教育顺利开展。

别让孩子成为你实现理想的工具

我们不得不承认,每一个父母都对自己的孩子报以殷切的期望,这种期望,多半和自己的经历、梦想有关系。比如,有的家长没有上过大学,便希望孩子无论如何都要上大学;有的家长曾经在艺术的道路上因为各种原因没有闯出一片天地来,他便希望孩子继续走自己没走完的路;也有一些家长自打孩子一出生,他们就为孩子设计了一条人生之路……而很多时候,这些家长并没有征求孩子的意见,也不问孩子是否愿意。一些听话的孩子自然会遵从父母的心愿,但大多时候会引发孩子的逆反情绪。这就是心理学中"代偿心理"在家庭教育中的反映。因此,家长教育孩子时,一定要避免"代偿心理"对孩子的伤害。

那么，什么是"代偿心理"呢？

生活中，有些人在自己的理想无法实现时，便开始为自己积极寻找一个新的"理想代言者"，这一对象多半是他们的子女，也就是说，他们希望自己的孩子能帮助自己完成某一心愿或理想。实际上，这是一种自欺欺人的心理，他追求的目标并未重新设立，只是为自己找了个替身，而且，即使这个替身真的为自己实现了理想，那也只是一种假象而已。这就是"代偿心理"。

现实生活中，有很多家长把"代偿心理"运用到了亲子教育中，最常见的就是大人总是把孩子当作实现自己愿望的工具。这些家长由于主观和客观的原因，在个人成长的过程中留下了这样或那样的遗憾，所以他们常常把自己未实现的愿望寄托在孩子身上，希望孩子能够实现这些愿望。我们来看看下面这位母亲是怎样教育孩子的：

"我曾经是一名芭蕾舞表演者，获得过很多奖项，但就在我20岁那年，我从舞台上摔了下来，从此以后，我再也不能跳舞了，为此，我哭过很多次。

"女儿雅雅出生之后，我发现，我的理想并没有破灭，我可以培养我的女儿。但雅雅实在太不听话了，她似乎对这项艺术毫无兴趣。

"在她五岁的时候，我就为她买了很多芭蕾舞鞋。到她7岁的时候，我就带她去见最好的芭蕾舞老师，然后为她报名，每周两次课，每次300元，但她实在让我太失望了，因为她遗传了她爸爸的基因，7岁就已经比其他女孩胖很多了，根本无法跳舞。

"其实，雅雅一开始就告诉我，她不喜欢跳舞，喜欢画画，但我仍然一厢情愿地强制孩子非学不可。半年后，孩子仍然没有兴趣，也学无所成，我也没了热情，便不再让女儿学芭蕾舞了。现在，我看着那些芭蕾舞鞋，只能叹气。"

有类似经历的家长肯定不在少数。当孩子还小的时候，他们对家长的安排并没有反抗的意识，但等他们长大后，就有了自己的想法。而且，家长曾经自以为强大的"权威"，会受到来自孩子的强烈挑战，严重地影响亲子关系。因此，家长在教育孩子时，一定要考虑孩子真实的心理需求，不要因为"代偿心理"，将自己的意志强加给孩子。

当然，家长有"代偿心理"也是可以理解的，谁不希望子女能替自己了却心中的夙愿呢？只是家长在教育时一定要方法得当。为此，家长必须调整自己的心态。

家长要记住，孩子也是独立的个体，而不是自己的私有财产。即使你曾经的梦想没有实现，你也不可把自己的愿望强加给孩子，而应该先问询孩子的意见。如果他愿意继承你的衣钵，那固然好；如果孩子不愿意，也不可强迫孩子，毕竟孩子是独立的个体，让孩子选择自己的兴趣爱好，能培养孩子独立自主的能力。

孩子也需要自己的空间。教育孩子时，涉及原则性问题一定要坚持，而其他小事则没必要太较真。给孩子足够的空间，孩子会做得更好。

> **心理小贴士**
>
> 作为家长，自己的人生难免存在一些遗憾，但孩子并不是你的私有财产，你的梦想，他没有义务为你实现。只有放手让孩子自己做主，他们才能获得人生的经验。所以，当孩子有能力承担时，你可以给孩子一些决定权和机会，让他尝试按照自己的想法去做，这样孩子才会越来越优秀。

让孩子全面发展，扬长补短更利于成长

倘若有一个木桶，沿口不齐，那么，这个木桶盛水的多少，不取决于木桶上最长的那块木板，而取决于最短的那块木板。所以，要想提高水桶的整体容量，不是加长最长的那块木板，而是要依次补齐最短的木板。此外，一只木桶能够装多少水，不仅取决于每一块木板的长度，还取决于木板间的结合是否紧密。如果木板间存在缝隙，或者缝隙很大，同样无法装满水，甚至一滴水都没有。这就是著名的"木桶定律"。

这是个简单得不能再简单的自然现象，然而，往往越简单的道理，越饱含更深层的哲理。同样，任何一个人的身上都有优缺点，这些优缺点正如这个沿口不齐的木桶。在教育中，父母如果发现孩子身上存在某些问题而听之任之，那么，孩子的成长就会受到影响，综合能力不但得不到提升，反而会每况愈下。

然而，现实生活中，一些父母认为，成绩好才是王道，于是，他们把所有精力都放在引导和帮助孩子提高学习成绩上。但当今社会，只有全面发展的人才能适应社会的竞争，为此，我们应通过对孩子的教育，发掘孩子所蕴藏的潜能。

小俊是班上的"大忙人"，他的时间似乎总是不够用，他的爸爸没有征求他的意见，就为他报了书法培训班、英语口语班和奥数培训班。周末，小俊都没有自己的时间，周六上午去学书法，周日下午学英语，晚上练口语，还要做老师布置的课下作业，时间被排得满满的。

在去培训班的路上，小俊看到同龄的孩子自由地玩耍，就特别羡慕。他多想和爸爸说他不喜欢那些培训班，但是看到爸爸为他付出的辛苦，又难以开

口。他觉得很压抑，生活得很不开心，这些培训班已经严重影响了他的正常学习和生活。

父母为了孩子好，希望孩子将来能够更好地立足社会，但他们忽视了孩子内心的需求。其实，父母的一厢情愿很少能够成功达到教育目的，反而会引起孩子的逆反心理，阻碍孩子的全面发展。

从当今社会对人才的要求来看，真正能在社会上获得良好发展机会的人才，都具备很好的创新能力和全面发展的素质，因此，父母不要为了追求短期的效应，让孩子把所有的时间和精力都放在学习上而忽视了其他方面的发展。尊重孩子的兴趣，让孩子快乐地学习和成长，才是防止孩子在未来出现短板的最好的教育方法。

具体来说，家长需要做到：

1.尊重孩子的兴趣和爱好

日常生活中，家长应该多给孩子选择的权利，从孩子的兴趣爱好出发，否则可能会事与愿违，严重的还会导致孩子产生厌学情绪，对生活和学习造成消极影响。缺乏尊重的家庭环境中，孩子没有自己的意识和独立自主的能力，将来走向社会，也难以适应社会的发展。

作为父母，应该尊重孩子的身心发展规律，在了解孩子兴趣的基础上，和孩子商量，尽量让孩子自己拿主意。这样孩子会感激你的理解，在学习的过程中才会更有积极性。

2.要听取孩子的意见

孩子也是独立的个体，尤其是年龄稍大的孩子，他们更希望被家长认同，所以家长不要一味地替孩子作决定，而应该认真耐心地听取孩子的意见。

3.家长不要有功利心理，要允许孩子发生兴趣转移

人的兴趣爱好不一定是一成不变的，大人亦是如此，更何况孩子？随着年龄的增长、接触面的拓宽以及自身社会经验的增加，他们的兴趣也可能发生变化。比如，小时候喜欢钢琴，而现在却对计算机有着浓厚的兴趣。这时，有些父母出于功利心理，不能接受孩子的兴趣转移，比如，因为当初给孩子买了钢琴，就不允许孩子的兴趣再发生变化了。这些父母可能强迫孩子天天练琴，直到孩子彻底对弹琴丧失兴趣。其实，这种做法并不可取。

要知道，孩子拥有丰富的兴趣对其自身发展是一种提高，父母要鼓励孩子全面发展，允许孩子的兴趣发生转移。

> **心理小贴士**
>
> 一个人如果不能得到全面发展，在哪一项上存在严重漏洞，都会影响他的前途。因此，父母在教育孩子的过程中，不能只看重孩子的成绩，而应该尊重孩子的兴趣爱好，让孩子全方面地发展。

孩子需要自由的成长空间

生活中，我们每个人都需要自由，孩子也不例外。如果家长束缚孩子的手脚，对孩子大包大揽，那么，孩子会感到窒息，他的一些优良的个性品质也会被压抑。而且，随着孩子慢慢长大，他们的自主意识会越来越明显，对于无法呼吸的成长环境，他们一定会反抗，那么，亲子关系势必日益紧张。我们先来看下面一个故事：

在美国一家大公司的集体办公室内，有一个漂亮的鱼缸，里面有十几条名贵的金鱼，凡是进进出出的人都会被这十几条美丽的鱼吸引。

这些鱼在鱼缸的两年里，一直保持在三寸的长度，它们过得自得其乐。可是，它们的命运在一次偶然的事件中被改变了。

这天，董事长调皮的儿子来找父亲，结果一不小心将鱼缸打碎了，可怜的小鱼没有了安身之地，大家都急忙为小鱼寻找各种容器。最终，一个聪明的职员发现院子内的喷水池很适合养鱼，于是，职员们把那十几条鱼放了进去。

两个月后，董事长派人买来一个新的鱼缸，职员们纷纷跑到喷水池那里去"迎接"小鱼回家。当十几条鱼都被捞起时，大家非常惊讶，仅仅两个月的时间，那些鱼竟然由三寸疯长到了一尺！

小鱼为什么在两个月之间成长这么快？原因有很多，可能是喷水池的水更适合鱼儿生长，可能是水中含有某种矿物质，也有可能是鱼儿吃了某种特殊的食物……，但无论如何，我们不能否定的一个重要因素是，喷水池要比鱼缸大得多！

这就是著名的"鱼缸法则"。其实，对于孩子的教育，何尝不是这样呢？鱼儿需要广阔的生长空间，孩子也需要自由的空间。当孩子慢慢长大，家长应该学会放手，你如果还想为孩子安排一切，那么，你必须克制自己。

每一个父母都应该作为孩子成长路上的引导者，而不是强制者，让孩子自由成长，让孩子感受到来自父母的尊重和爱，那么，他们会更加爱你。

那么，怎样才能给孩子提供一个足够自由的空间呢？

1.尊重孩子的需要，让孩子自由探索

孩子的世界和成人的世界是不同的，对于成长道路上的很多事物，他们都会感到新奇，都有想探索的欲望，这也是孩子在成长过程中的一种本能。对此，家长应该尊重孩子，让孩子自由探索，这样，他才有更多的生活体验，才能成长得更快。而假如家长剥夺了孩子的这种权利，那么，他们就体验不到这种乐趣，就会变得越来越自卑。

2.不要过度保护孩子

孩子学走路时虽然会摔跤，但作为父母，我们不能一直扶着孩子走，因此，如果你的孩子想尝试，那么，你应该适当放手，让孩子勇敢尝试，而不是这样说："算了，多危险，不要做了。""小心点儿，你会伤到自己的！""你不能做这个，太危险了！"否则，孩子即使想尝试，也会被你的提醒吓退的。

3.尊重孩子的天性，让孩子决定自己的未来

所有的父母都希望孩子长大后能有出息，但并不是所有的父母都能不干涉孩子的选择，他们在为孩子设计未来时，多半不会考虑到孩子的天性、优点等，而是按照自己的意愿。这种教育模式下培养出来的孩子是很难有突出的个性品质的，也多半不快乐。

4.在允许的情况下，让孩子自由支配时间

虽然孩子小，但家长也应该尊重他，让他有一些自己独立支配的时间，比如，晚上的空余时间，孩子想睡觉还是想看书等，家长不要干涉。

心理小贴士

孩子的成长需要自由的空间。自由就好像空气一样，孩子在成长过程中没有自由，是无法健康、快乐成长的。因此，要想使孩子成长得更快，父母就需要给孩子提供足够的自由空间，而不要限制孩子的自由，

让孩子生活在一个小小的"鱼缸"中。

"慈母多败儿"，溺爱孩子实质是害孩子

生活中，我们常听到这样一句话："慈母多败儿"。这里的"慈"，指的是一种过分的母爱，也就是溺爱。溺爱对孩子的危害是明显的。社会上一些富家子弟，他们受到了溺爱的毒害，造成他们任性固执、追求享受、独立性差、意志薄弱、责任感淡漠等。因此，任何一位家长都应该明白，溺爱孩子其实就是害孩子。我们先来看下面一个故事：

从前，在山脚下有个美丽的湖，湖中心有个小岛，岛上住着老渔翁和他的妻子。

老渔翁平时的基本生活就是打渔，这天，打渔的时候，他遇到了一群天鹅。这群天鹅原本是打算南飞过冬的，老渔翁看到这群"稀客"，便开始招待它们：他将自己打来的小鱼喂给天鹅们吃。看到老渔翁对自己这么好，天鹅们居然在岛上住了下来。

当老渔翁打渔时，它们便在岛上悠闲地散步，一起嬉戏。

转眼，冬天来了，为了保证这群天鹅不挨冻，老渔翁专门收拾了一间屋子，给它们喂食，供它们取暖。这种关怀每年都延续到春天来临，直至湖面彻底解冻。

日复一日，年复一年，这对老夫妇就这样奉献着他们的爱心。

渐渐地，他们老了，并且很快离开了小岛，天鹅从此消失了。不过，它们不是飞向了南方，而是饿死了。

故事中，这群天鹅为什么会饿死？因为老渔翁对它们的爱太多了，以至于它们失去了觅食和取暖的能力。尽管这样的爱是无私的，但害了这群天鹅。这就是心理学上"天鹅效应"的由来。

在这个世界上，人人都赞美无私的爱，可是，爱有时也是一种伤害，并且是致命的。因此，为人父母必须记住，爱孩子但不能溺爱孩子。

著名的伊索寓言里有这样一个故事：

一个少年在盗窃时被抓住了。第二天，他被发往刑场。母亲来看他，失声痛哭。这时，被反绑的儿子转过身来，对母亲说："我有句心里话想对你说。"

母亲凑过去，没想到儿子却一口将她的耳朵咬了下来。母亲骂儿子不孝，犯了罪还不够，还把母亲的耳朵咬了下来。

那少年犯说："假如我第一次偷了同学的写字板回来给你的时候，你打了我，我就不至于胆子越来越大，现在要被牵去处死。"

这只是一则寓言故事，但我们却能看到父母的溺爱对孩子的人生将产生多么大的负面影响。

然而，随着物质生活水平的提高，很多家庭是独生子女，孩子成了家中的小公主、小皇帝，他们要什么有什么，父母对他们呵护有加，爱护过度成了家庭教育的主流，这就是溺爱型教育。这样，只会让孩子养成依赖性和惰性，缺乏毅力和恒心，缺乏奋斗精神，将来必定无法立足于社会。

一般来说，溺爱孩子的表现有：为孩子包揽一切，不让孩子受一点儿苦；孩子犯了错，护短；生怕孩子受一点儿委屈；对于孩子的任性听之任之等。

其实，溺爱并不是真的爱孩子，而是对孩子独立权利的一种剥夺，它可能造成孩子在未来社会能力、智力乃至心理和精神上的残疾，这比身体残疾更可怕。

因此，任何一个家长都要吸取教训，要学会理性地对待孩子，放手让孩子自己成长。

> **心理小贴士**
>
> 任何父母都是爱孩子的，都希望孩子健康、快乐地成长。但家长要明白，爱孩子就不能给孩子过于优越的生活环境，就不能溺爱孩子，只有让他吃点儿苦，才能让他明白什么是真正的生活，从而成长为一个健康、健全的人！

天赋递减法则：早期教育很重要

在教育孩子这一问题上，可能很多家长会认为，培养孩子某一方面的特殊天赋，应该在孩子成长到一定阶段才开始，事实上，这种观点是错误的。一个人随着年龄的增长，他对周围的环境会越来越适应，身体机能会随之发生相应的变化，内在能力也会逐渐消失。因此，专家建议，早期教育很重要，最好在孩子0岁就开始。

大量的科学研究表明：儿童的潜能培养遵循着一种奇特的规律——天赋递减规律，即儿童的天赋随着年龄增长而递减。教育得越晚，儿童与生俱来的潜能就发挥得越少。

我们每个人自从来到这个世界，就具有某种潜在的能力，而在我们出生后的前几年，正是开发和挖掘这种潜能的最佳时期。这里，假如我们把一个孩子生来就有的潜能以100分来计算，如果我们从5岁开始教育孩子，那么，他长大以后可能有80分的能力；而从10岁教育，就只能达到60分，而从15岁开始教育，孩子的能力还能否被挖掘出来尚未可知。

也有的家长认为，一个孩子如果真的有天赋，那么，他就不需要进行特别的教育。事实上，人的大脑在刚开始发育时是大脑感应度最强的时期，随着年龄的慢慢增长，其感应度会逐步减退，就和绷紧了的弦一样慢慢松弛下来。

生物学家达尔文曾经遇到过这样一件事：

一天，他接待了一位美丽的少妇，这位少妇带着自己的孩子来求救达尔文，希望达尔文能就育儿问题给自己一些建议。

"啊，多漂亮的孩子呀！几岁了？"看到这么漂亮可爱的孩子，还没等少妇开口，达尔文就高兴地问夫人。

"刚好两岁半"，少妇诚恳地对达尔文说，"你知道，当父母的都希望孩子以后能有出息，你是个杰出的科学家，我今天特地带孩子来求教，请问对孩子的教育什么时候开始才好呢？"

"唉，夫人，很可惜，你已经晚了两年半了。"达尔文惋惜地告诉她。

从这个故事中，我们也能看出来孩子的早期教育一定要越早越好。就学习外语而言，如果你的孩子10岁以前没开始学习外语，那么，他即使外语成绩很好，但口语依然不纯正，总是在发音上"怪怪的"。甚至不少专家认为，钢琴如果不从5岁开始练，小提琴如果不从3岁开始练，就不可能达到很高的境界。也就是说，儿童的能力如果不在发展期内进行培养，就会出现儿童潜能递减的现象，这就是早期教育能够造就天才的根本原因。

当然，家长在对孩子进行早期教育时，需要注意两个问题：

1.不能拔苗助长

一些家长对孩子期望太高，害怕孩子输在起跑线上，因此，在孩子学龄前，他们就开始对孩子进行各种智力投资，让孩子学这学那。重视孩子的早期教育虽然是好事，但如果操之过急，就会起反作用。

2.注意方法，最好能寓教于乐

生活中，一些父母在孩子很小的时候，就想让孩子识字，但他们却不讲究教育方法，仅仅在纸上写几个字，让孩子照葫芦画瓢。这样教育，孩子毫无兴趣，自然也学不好。而父母便认为孩子在偷懒，往往采取惩罚的手段。这样的教育方法，不仅会让父母累，孩子苦，还会造成孩子的逆反心理，等将来上了学，也会对学习发怵，甚至出现逃学的情况。

因此，对孩子进行早期教育，家长一定要重视方法，最好寓教于乐，因为对于婴幼儿阶段的孩子来说，他们的大部分时间都是在玩中度过的。当你的孩子有兴趣在户外摸爬追打的时候，可以引导或带领他们掌握一些把握平衡和灵活性的活动。对于稍大的孩子，可以在明确基本游戏及规则之后，尽可能让他参加小朋友的游戏。这样，在玩乐中，不仅能锻炼孩子的智力、想象力和创造力，还能提高孩子与人交往的能力。这些都是孩子将来接触社会必须掌握的。

从这个意义上讲，让孩子在婴幼儿时期有充分的玩的机会，可以训练其各种智力与非智力因素，同时对预防某些身心障碍和心理问题也是至关重要的。

> **心理小贴士**
>
> 很多父母没有意识到儿童的智力发展是遵循天赋递减法则的，因此，早期教育是开发儿童潜能的必要方式之一，也更容易造就天才。作为父母，你要知道，越早对你的孩子进行教育，开发他们的潜能，你的孩子成功的概率就越大，但同时，家长也要注意方式方法，不可操之过急。

第5章 好妈妈深谙心理效应，激发孩子超强的学习潜能

作为家长，我们都知道，对于孩子来说，能不能掌握正确的学习方法，关乎孩子学习效率的高低，而学习效率的高低，又是一个学生学习综合能力的体现。提高学习效率并非一朝一夕之事，需要家长引导和帮助孩子进行长期的探索。然而，这一工作需要父母掌握一定的心理学效应，毕竟，家庭教育实际上是一门"动心"的艺术，如果不能把工作做到孩子的心坎儿上，其教育的效果往往苍白而无力。因此，在教育孩子的过程中，每位家长都应努力探索一些心理学效应，并趋利避害地发挥它们的作用，从而科学地引导孩子在学习上取得好成绩！

德西效应：对孩子的奖励要正当

生活中，当孩子取得一定成绩时，一些父母为了鼓励孩子，常常采取一些奖励措施，但奖励只有在正当的情况下，才能产生积极的作用，否则只会适得其反，让孩子对奖励产生依赖，这就是所谓的"德西效应"。关于这一效应，有个著名的实验。

这一实验的研究对象是一群大学生。在这一实验中，这些学生需要解答一些有趣的智力问题。实验分三个阶段：

第一阶段，所有的人都没有任何奖励；

第二阶段，所有的人被分成两组，一组是有奖励的，被称为实验组，他们每完成一道题可以得到一美元的奖励；一组是无奖励的，他们被称为控制组；

第三阶段，这个阶段可以自由活动，也可以继续解题。

结果表明：实验组（有奖励组）的被试者在第二阶段确实十分努力，但到了第三阶段，愿意继续解题的人数却变得很少，这表明兴趣与努力的程度在减弱；而控制组（无奖励组）愿意花更多的休息时间继续解题的被试者却相对增多，这表明兴趣与努力的程度在增强。

德西在实验中发现：人们在外加报酬和内感报酬兼得的时候，工作动机不但不会增加，反而会有所降低。此时，动机强度会变成两者之差。后来，心理学家把这种规律称为"德西效应"。

这种效应表明，在进行一项愉快的活动（即内感报酬）时，如果提供外部的物质奖励（即外加报酬），反而会削弱这项活动对于参与者的吸引力。

"德西效应"在父母教育孩子这一点上也比较适用。比如，为了鼓励孩子考得更好，一些父母常常说："如果你这次考一百分，我就给你买个笔记本电脑""要是你能考进前五名，就奖励你100元"等。家长们也许没有想到，正是这种不当的奖励方法，一点点泯灭了孩子的学习兴趣。

因此，在孩子取得一定进步的时候，家长可以采用多种形式的奖励，同时也要遵循以下几条原则：

1.奖励不能过度

对于孩子的奖励，家长要注意一点，孩子毕竟还未长大，没有必要奖励一些高消费产品。再者，也不是所有家庭都是高收入的，奖励孩子太贵重的东西，容易让孩子产生虚荣心、攀比心，这样既达不到奖励的效果，又娇纵了孩子，与奖励的初衷背道而驰，显然是不合适的。

2.不要只根据孩子的学习成绩奖励

只要孩子在任何一方面获得进步，我们都应该奖励，比如，孩子助人为乐、孩子在游戏中获胜等。但如果我们只对孩子取得好成绩给予奖励，那么，孩子就会产生"只有学习才是重要的"这一错误观点。

3.精神奖励为主

有时候，父母的一句"你真棒"比给孩子几百元钱都能让孩子产生热情。一般来说，精神奖励的范围很广，比如，一本书、一次书法展等。

4.言出必行

父母要做到一诺千金，除非你不说，说了就一定要做到，这样才会让孩子心服口服，才能达到奖励的预期目的。

5.让孩子自主选择

奖励孩子的最高级别，就是给孩子一些主导权。例如，当孩子取得好成绩时，你可以征求孩子的意见，让他自己决定想得到什么……给孩子一定的主导权，才是最受孩子欢迎的奖励。同时，这种奖励有利于培养孩子多种能力。

> **心理小贴士**
>
> 　　心理学认为，动机是一个人发动或抑制自身行为的内部原因。当动机达到最佳水平时，活动效率就会达到最大值；而动机不足则会使活动效率降低。因此，为了鼓励孩子努力学习，父母要给予孩子正当奖励，要以精神奖励为主、物质奖励为辅，并让孩子拥有主导权，从而达到奖励孩子的预期目的。

高原现象：孩子陷入学习低谷怎么办

可能很多家长有过这样的困惑：为什么我的孩子经过一段时间学习后反而停滞不前、提不起学习兴趣呢？实际上，这就是学习中常见的"高原现象"。

"高原现象"是一个比喻。现在，我们来画一个图形，以时间为X轴，学习效果为Y轴，将学习者所花的学习时间和取得的学习效果连成一条线，从这条线中，我们不难发现：第一，学习者的学习效果与其所花的学习时间是有一定关系的，并且，基本上是成正比的；第二，很多时候，学习时间和学习效果不会呈现规律变化。也就是说，学习者开始学习时，进步快，收效大，曲线斜率也较大，但紧接着会有一个明显的、长短不定的接近水平的波浪线，再往后，又会出现斜率较大的曲线。这条呈现学习效率与所花学习时间、学习精力之间关系的曲线，被称为学习的"高原现象"，而中间呈相对水平状态的那段波浪线，被称为学习的"高原期"。

一般情况下，孩子在刚开始学习时都有明显的进步，渐渐地，就会进步缓慢，会出现学习原地踏步甚至学习倒退的情况。此时，孩子们会变得慌张，不知如何是好，作为父母，也会焦急，甚至把原因归结于孩子的不努力、不认真。而实际上，孩子的学习状况之所以会出现"高原现象"，是有一定原因的。一般来说，有以下几种原因：

1.学习难度大，学习方法守旧

我们需要肯定的一点是，孩子学习的难度，会随着学习层次的上升而逐渐加大，因此，当孩子还是用同样的方式方法去学习新内容时，自然会觉得吃力。

2.学习动机因素

这一点，多半会发生在那些学习成绩一般的孩子身上。他们认为，反正自己学习成绩不好，再怎么努力也不会有效果，于是，他们得过且过，也不去努力。当然，有的孩子则是目标过高，动机过强，总是无法企及，因而学习兴趣降低，甚至产生厌学等消极情绪。

3.身体原因

身体是学习的本钱，孩子身体不适，自然不能静心学习，导致成绩不佳。但无论何种原因，当孩子出现"高原现象"时，家长一定要找到原因，并平衡自己的心态，稳定情绪，这样才能帮助孩子走出"高原期"。

具体来说，家长可以帮助孩子这样做：

1.注重基础知识的学习

基础知识学不好，那么，在面对难度更大的知识时，孩子只能束手无策，因此，要想走出"高原期"，家长首先需要帮助孩子打好基础。

2.改进学习方法

家长要告诉孩子，在学习中，一定要善于思考，以便能及时发现哪些方法是应该保持的，哪些是需要改进的。比如，孩子如果有不复习的习惯，那么，他就很容易忘记刚学过的内容，这一点，就是需要家长帮助改正的。

3.坚持体育锻炼

身体是"学习"的本钱。没有一个好身体，再大的能耐也无法发挥。因而，学习再紧张也不可忽视身体锻炼。有的同学为了学习而忽视锻炼，身体越来越弱，从而越来越力不从心，这样怎么能提高学习效率呢？

4.注意休息

晚上不要熬夜，定时就寝，中午坚持午睡。充足的睡眠、饱满的精神是提高学习效率的基本保证。

> **心理小贴士**
>
> "高原现象"在学习每一种新知识时都会发生,在各个年龄段孩子的身上都会出现。这种现象和学习者的年龄、学习内容、心理品质等诸多因素有关系,而且会循环出现。有时持续时间短,有时持续时间长。作为家长,当孩子在学习上遇到这一问题时,不能急躁,而应及时找到具体的原因,对症下药,帮孩子顺利走出低谷。

登门槛效应:先对孩子提出一个他能接受的较低的目标

在日常生活中,我们大概都有过这样的经验:在求人帮忙时,如果我们开门见山地提出自己的请求,那么,对方很可能会因事情难办而拒绝我们。假如我们事先提出一个小要求,当别人同意后,我们再提出预期的要求,对方居然也答应了。这是为什么呢?心理学家认为,一般情况下,对于那些难度大的要求,人们是不愿意接受的,而对于那些较小的、易实现的要求,人们是乐于接受的。在实现了较小的要求后,人们才慢慢地接受较大的要求,这就是"登门槛效应"对人的影响。

"登门槛效应",又称得寸进尺效应,是指一个人在答应了他人提出的某个较小的要求后,也会不自觉地接受对方提出的更大要求。这种现象,犹如登门槛时要一级台阶一级台阶地登,这样能更容易、更顺利地登上高处。

在家庭教育中,父母也可以运用"登门槛效应"。例如,你如果希望孩子进入班级前十名,而现在他的成绩是全班倒数,那么,你就不能一次性要求他达到目标，而应该先鼓励他："下次超过你的前一位同学，好不好？"而当孩子实现了自己的第一个目标后，他便有了自信，找到了学习的动力，自然会积极奋发向上。

然而，一些家庭认为，为孩子制定学习目标，一定要从长远的角度出发，一个大的目标，即使孩子完不成，那么，也可以达到离目标不太远的程度。正因为有这样的教育思想，一些家长总是把孩子的长期和短期的目标都设得太高。但事实上，很多时候，孩子并没有能力实现这样的目标，长此以往，孩子的积极性就会削减，甚至失去学习兴趣和自信心。

因此，教育孩子的正确方法是，既要给孩子一定的学习压力，又不能打击孩子的自信心和学习热情。我们来看看洋洋的妈妈是怎么做的：

洋洋学习成绩一般，他已经上初二了，不久，他也要和很多面临中考的孩子一样接受高强度的学习压力，他知道学习的重要性，但每次考试不理想已经削减了他的积极性。这次，洋洋又考了70分。

这天，他的心情很不好，放学回到家，他就直接钻进了卧室，连饭都不出来吃。

妈妈一看，便知道了原因，她并没有责备洋洋，而是耐心地问洋洋："排名在你之前的那位同学考了多少分？"

"75分。"洋洋小声地回答。

"儿子，别灰心，咱下次考试争取超过他，好吗？"妈妈试探着问道。

这时候，洋洋毫不犹豫地说："行！"洋洋这时在想，区区5分，肯定能超过的。

从那以后，洋洋很努力地学习，不仅上课认真听讲，还按时完成作业，对于自己不懂的问题，他不是问老师就是问同学，终于，在一个月后的会考中，洋洋居然考了85分，连他自己都没有想到。

我们发现，洋洋的妈妈是个聪明的家长，她为洋洋设置了一个"门槛"——超过前面最近的那个同学。结果，洋洋通过妈妈的鼓励和自己的努力，不但成功地跨越了这道"门槛"，还给了妈妈一个惊喜。

可见，家长在给孩子制定学习目标时，应充分考虑孩子的身体和心理承受能力，把目标定在孩子能够承受的范围内，并留有一定的余地。把目标设定得低一些，孩子通过自身努力可以轻松跨越一道道"门槛"，然后信心百倍地去迎接新的挑战，从而一步步走向成功。

> **心理小贴士**
>
> 家长在为孩子制定学习目标时，可以充分运用"登门槛效应"。先对孩子提出一个较低的要求，等他们实现了，马上予以肯定、表扬，甚至奖励，然后提高要求，这样既能使孩子享受到奋发向上所带来的巨大快乐，也能在成绩的稳步提高中树立起对学习的信心。

示弱效应：向你的孩子"请教"并不丢脸

在中国几千年的家庭模式中，家长似乎都是高高在上的，孩子必须听父母的话。家长们认为，只有在孩子心中树立威严，孩子才能接受自己的教育方式。而实际上，21世纪的今天，孩子们越来越要求和家长平等对话，所以，父母如果能放下架子，向你的孩子请教，适当示弱，那么，更能拉近你与孩子的心理距离，增进与孩子的交流。对此，心理学上有个著名的"示弱效应"。

"示弱效应"原本是人际交往中的一种心理效应，一般适用于上下级之间，比如，作为上级，如果能放下面子，主动向下级请教问题，那么，不仅能让下属感受到被尊重，还有利于上下级之间的感情联络，有利于促进组织发展。

实际上，示弱效应适用的范围很广，无论是朋友之间、敌友之间，还是商场上等，示弱都是一种武器。当家长把"示弱效应"用在督促、指导孩子学习时，效果更佳。我们可以通过这一心理学技巧，轻易地改掉孩子学习上的坏习惯，激发孩子努力学习。

我们先来看下面这位父亲是怎么做的：

老张的儿子今年上小学三年级，但小家伙好像对学习一点儿也不感兴趣。每天放学后，他不是玩游戏就是看电视，老张妻子开始着急了，孩子要是继续这样下去，别说考大学，连掌握基本的科学文化知识都成问题。为此，老张决定和儿子好好谈谈。

这天晚饭后，老张故意拿出一张公司的报表，算来算去，并不断地摇头叹气。儿子看见了，很不解地问："爸爸，你怎么了？"

"哎，这些密密麻麻的数字，都把我搞糊涂了，现在真是老了呀，这点儿事情都做不好。看样子是要下岗了呀。"

这时，儿子很急切地问老张："爸爸，你不是说你小时候学习挺棒的吗？"

"是呀，爸爸小时候学习很棒，但是，估计我连你现在学的数学公式都想不起来了，我会做的题目还不如你多呢，你说我不下岗谁下岗呀？你帮爸爸想想办法吧！"

儿子听后，思考了一下，说："那这样，每天晚上我给你补课吧，反正三年级的内容我正在学。"

这天晚上，儿子一做完作业，老张便坐在了儿子旁边。儿子拿出他的笔记本认真地给老张讲课。为了更顺利地教会爸爸，他在讲解之前很认真地复习了一遍，他的这股认真劲儿让老张很高兴。

就这样，老张的示弱方法收到了成效，过了段时间，儿子的学习成绩已有很明显的改善，并且，他渐渐喜欢上了学习。

这则故事中的爸爸是聪明的，他正是利用"示弱效应"，向孩子求教，使孩子有一种成就感，进而激发了孩子的学习兴趣。

具体来说，家长在向孩子"请教"的过程中，需要注意两点：

1.尊重孩子的智力和能力，要有耐心

在和孩子一起学习的过程中，对于孩子遇到的问题，你不必马上给出答案，而应该和孩子一起钻研，与孩子共同解决问题。当孩子面对思考问题上的不足时，不必急于指正，而是坦率地承认自己也犯过类似错误，然后巧妙地指出孩子的错误，这对培养孩子的自信心有极大的帮助。

2.让孩子自己思考

孩子在学习的过程中，必然会遇到一些问题，如果父母处处为孩子指导，那么，他就会形成依赖性，往往不会主动思考而等待你的帮助。因此，要想让孩子养成动脑的习惯，遇到问题时父母不妨示弱，让孩子自己去分析，在此基础上再教给孩子分析问题的方法、考虑问题的思路。经过长期的训练，孩子遇到问题后自然就知道该如何思考了。

心理小贴士

在家庭教育中，如果家长能放下架子，向孩子示弱，那么，你的孩

> 子不仅会把你当父母，还会把你当朋友，因为他感受到了自信心、成就感和平等感。在孩子心目中，大人几乎是无所不能的，但是他如果连大人提出的问题都解答了，他自然会产生成就感。于是，孩子会慢慢成熟起来，再也不是父母眼中的小不点儿了，什么事情都愿意与家长分享和分担。

感官协同效应：教孩子运用多种感官提高学习效率

生活中，一些家长常常为如何提高孩子的学习效率而头疼。的确，有些孩子虽然学习努力、刻苦，但成效甚微。那么，作为家长，该怎么帮助孩子呢？宋代的大学者朱熹曾发明了"三到"读书法，即心到、眼到、口到。这个方法被很多后人推崇，至今仍然有效。所以，家长如果想要孩子取得事半功倍的学习效果，就要指导他们在学习时尽量几种感官并用。这种利用多种感官学习的方法就叫"感官协同效应"。

科学家发现，从听觉获得的知识能够记住15%，从视觉获得的知识能够记住25%，但是如果把听觉和视觉结合起来，就能记住65%的知识。这是因为孩子在收集信息的时候，参与的感官越多，信息就越丰富，所学的知识也就越扎实。换言之，孩子如果能在学习中多种感官并用，就能够提高感知的效果，从而取得良好的成绩。

你是否发现，你的孩子在课堂上认真听讲，但一回到家，当你让他将课堂学习的内容温习一遍的时候，他却印象不深刻，其实，这就是孩子不会听课的表现。因此，在帮助孩子提高学习效率的过程中，家长完全可以使用这种方法。

运用多种感官学习，已经成为很多成绩优异的孩子的"学习心得"，我们先来看看玲玲的学习方法：

玲玲的数学成绩一直很好，在其他同学看来，她一定特别喜欢做题。而实际上，只有玲玲自己心里明白，她更喜欢动手，而这一点，是爸爸教给她的。

上小学的时候，有一次，她遇到了一道数学难题，怎么也算不出来，这时候，爸爸告诉她，为什么不动手试试呢？爸爸为她找来一些火柴，她就这样比画着，没想到，原本一道很难的数学题，就这样轻松解决了。

现在，玲玲已经上初中了，但她还是喜欢动手操作，这有助于她对很多图形有透彻的了解。

这里，玲玲之所以能将数学学好，就是因为她采取了多种感官并用的方法。学习的关键是理解，只要真正掌握每一堂课老师教授的内容，就能够学好功课。而要做到这一点，首先应该认真听讲，力求做到"五到"，即耳到、眼到、口到、手到、心到。所以，作为父母，如果想要孩子取得良好的学习效果，就要告诉孩子在学习时尽量多使用几种感官。

具体来说，这几种感官包括：

耳到——运用听觉系统。这需要孩子不但学会听老师的讲授，还要学会听同学们之间关于问题的讨论，听也是孩子接受知识的一种方法。

眼到——眼看。孩子需要看的有教材、老师的板书、参考资料等。

口到——口说。学会复述老师上课的内容是考察孩子是否真正将知识吸收的一种重要方法。

手到——手写。好记性不如烂笔头，上课时，将老师板书的重点记下来，有助于课后复习。

心到——对课上接触的新知识积极思考。这需要孩子发挥自己的主观能动性，而不是将学习当成一件苦差事或任务。

事实上，只有做到"五到"才能全身心地投入学习，这样，大脑处理信息的能力和速度也会加强。总之，父母要让孩子明白，学习时耳朵、眼睛、嘴巴、手、心配合起来，就能产生很好的学习效果。

> **心理小贴士**
>
> "感官协同效应"是指人们在收集信息的时候，参与的感官越多，所得到的信息就越丰富，所掌握的知识也就越扎实。也就是说，多种感官齐上阵，能够提高感知的效果。在学习知识的时候，家长要教育孩子尽量使用多种感官，如用耳听，用眼看，用嘴读，或者亲身去做，这样才能达到最佳的效果。

罗森塔尔效应：给孩子以积极的心理暗示

有人说，孩子是父母的作品。父母希望孩子朝什么方向发展，孩子就会朝什么方向前进。生活中，一些父母为了让孩子日后谦虚为人，并取得更大的成功，他们在孩子很小的时候就给孩子一些消极的暗示，在教育中一味地指出孩子的缺点，并强化它，久而久之，孩子就真的认为自己有那样的问题。这种奇妙的心理暗示就是"罗森塔尔效应"。

罗森塔尔是20世纪美国著名的心理学家，他曾做过这样一个试验：

他来到一所普通的中学，走进一个班级，然后在教室里转了一圈，在学生的点名册上随便圈了几个名字，他告诉正在上课的老师，这几个学生智商很高、很聪明。

几个月以后，他又来到这所中学，结果，令他惊奇的事情发生了，那几个被他选出的学生真的成了班上的佼佼者。

为什么会出现这种现象呢？这就是"暗示"的神奇魔力。

我们每个人在生活中都会接受来自外界的一些暗示，有些暗示是积极的，有些是消极的。对于孩子来说，最亲近、最信任的人是他们的父母，因此，父母对他们暗示的影响是巨大的，他们如果能长时间接收到来自父母的积极的肯定、鼓励、赞许，那么，他们就会变得自信、积极。相反，如果收到的是一些消极的暗示，那么，他们就会变得消极悲观。

这就是著名的"罗森塔尔效应"。这一效应表明，一个孩子能不能成为天才，取决于家长和老师能不能像对待天才一样爱他、教育他。我们来看下面这位母亲是怎么教育孩子的：

夏雨是个可爱的女孩，但成绩不佳，是班级中的后进生，这令她的父母很是头疼。她的妈妈对老师说："孩子自上学以来，被老师留下是常有的事。为了她的学习，我放弃了工作，每天检查作业，辅导她，但她成绩还是很差，我早就对她没信心了。我很失败，我连一个孩子都没教好。您教这么多学生，对夏雨这么关注，我们很感谢您。"

孩子是一个家庭的未来，老师看到夏雨妈妈一脸的无奈，恻隐之心油然而生，说道："夏雨其实一点儿也不笨，只是对学习没有产生兴趣，自觉性差些，我们的教育方法不适合她，我想只要家长和我们都能肯定她、鼓励她，她会进步的。"夏雨妈妈仿佛一下子看到了希望。

后来，妈妈开始对女儿实行赏识教育，孩子回家后，她即使再忙，也陪孩子一起做作业，并鼓励她："乖女儿，你的字好像越写越好了，如果继续坚持下去，该有多好，妈妈相信你一定能写好的。"夏雨露出了惭愧又充满信心的表情。

除此之外，妈妈在夏雨遇到问题时，也会鼓励她："你会做这道数学题已经很不错了，妈妈那时候，做数学检测，一百道题只能答对三十道。"

后来，当妈妈再去学校开家长会时，老师对她说："夏雨现在学习很努力，上课积极主动，课堂上总能听到她耳目一新的发言，同学们对她都刮目相看了，课间她不再独处了，而是和许多同学打成了一片。"听到老师这么说，妈妈很是欣慰。

从这则教育故事中，我们可以得出，我们家长一定要好好运用"积极暗示"这个法宝。父母对孩子的期望和态度一样会影响到孩子。如果你认为你的孩子是优秀的，那么，他就会按照你的期望去做，甚至全力以赴让自己变得优秀起来；相反，如果你总是挑孩子的缺点、毛病，那么，他们就会产生一种错觉：我不是好孩子，爸爸妈妈不喜欢我，我好不了了。在这种恶性循环中，便产生了家长"说你行，你就行；说你不行，你就不行"的牢骚。因此，家长积极的期望和心理暗示对孩子很重要。

> **心理小贴士**
>
> 孩子是处于生理、心理变化关键时期的特殊群体，他们尚未形成独立的自我意识，非常在乎他人对自己的看法。因此，对孩子进行"积极暗示"，尊重孩子、相信孩子、鼓励孩子，不仅可以及时发现他们身上的优点和长处，挖掘其身上隐藏的巨大的、不可估量的潜力，而且能够缩短家长和孩子的距离，从而促进孩子的健康成长。

第十名效应：不要忽视孩子的均衡发展

生活中，人们常说："父母之爱子，则为其计深远"。如今，很多家长在孩子的教育问题上操碎了心，尤其是孩子的学习成绩，他们想尽了办法，为孩子补课、让孩子做课后练习……而事实上，在看重孩子学习成绩的同时，他们却忽略了，未来社会需要的是全方位的人才，对孩子的成绩太苛刻，就等于扼杀孩子的其他方面的能力，比如，人际沟通能力、领导管理能力、创造力、协调力等。关于这一点，有个著名的心理学效应——第十名效应。

在杭州市的天长小学，有个老师叫周武。1989年，他受邀参加往届毕业生的聚会。这次聚会上，他发现一个奇怪的现象：那些担任副教授、经理的学生，在小学时成绩并非十分出色。相反，当年那些成绩突出的好学生，现在却成就平平。

这个现象令周老师很好奇，他决定进行一番跟踪调查，他调查的对象是151名小学生。十年后，他发现，学生的成长是一个动态的过程。在这种动态变化中，小学生随着就读年级的升高，会出现名次波动的现象：小学时主科成绩在班级前五名的学生，进入中学后名次后移的比例为43%；相反，小学时排在六到十五名的学生，进入中学后，名次往前移的比例竟达81.2%。

实际上，除了周老师以外，很多教师在教学的过程中，也发现了这样的现象，那些曾经学习成绩好的优等生，在进入大学或者参加工作后，并没有和在学校时一样表现出色，也多半没能出人头地。相反，排在第十名左右、成绩一般的学生，在社会生活和工作中却发挥了巨大的潜力，令人刮目相看。这种后来居上的现象便是"第十名效应"。

周老师提出所谓"第十名现象"：第十名左右的小学生，有着难以预想的潜能和创造力，使他们未来在事业上崭露头角、出人头地。

当然，这里所指的"第十名"，并非刚好排名第十的学生，而是指成绩中庸的学生。根据周老师的解释，这个群体的共同特征是：他们受老师和父母的关注不那么多，学习的自主性更强、兴趣更广泛。至于名列前茅的学生因为得到父母、师长过分关注，过分强化学科成绩，反而抑制了潜能和学习自主性。

那么，导致这种现象的原因是什么呢？周老师通过对这些学生的跟踪调查，总结出了以下几个原因：①那些一味追求第一、第二名的学生，他们把所有的精力放到了学习成绩上，而忽视了其他知识的摄取，也忽视了体育锻炼，更忽视了对自身心理承受能力的历练，正因为如此，参加工作后，他们体弱多病，无法胜任繁重的工作；②他们知识面狭窄，心理脆弱，经不起挫折，最终碌碌无为。而相反，那些成绩平平的学生，学习成绩中等，同时，他们兴趣爱好广泛、喜欢参与各种社会活动、文艺活动、体育活动，对学习成绩不过分在乎，因此，即使没考好，他们也能轻松面对，正因为如此，他们的心理承受能力明显比那些追求第一、第二名的学生强很多。在参加工作后，他们有足够的能力、体力承担各种压力，他们表现得自然更出色。

爱因斯坦和比尔·盖茨都是"第十名效应"的代表人物。他们在读书时期，成绩并不好，可是后来却分别成了出类拔萃的科学家和企业家。

由此可见，一个人要想成功和成才，起决定作用的是他的全面素质，即品德、知识、能力等，身心健康缺一不可。所以，为了孩子的长远发展，家长千万不能只看重孩子的学习成绩，而忽略了孩子的均衡发展，一张成绩单并不能代表一切。

> **📖 心理小贴士**
>
> 未来社会，一个合格的社会人需要具备多方面能力，如人际沟通能力、领导管理能力、创造力、协调力等。这些能力都是无法通过考试成绩体现出来的。考试第一名的孩子，综合能力不一定是最强的。因此，作为父母，不要对孩子的成绩太苛刻，以免忽视了孩子其他能力的培养。

习得性无助：学习上自卑的孩子需要你的帮助

生活中，很多家长会听到孩子在学习成绩不佳时这样说："算了，就这样吧，没用的""听天由命吧"……长此以往，孩子便产生了消极、自卑心理孩子的这种消极、自卑的心理是他们在学习上积极进取的最大"杀手"。作为家长，一定要注意孩子的态度，如果发现孩子在学习上表现出自卑，你一定要帮助孩子重拾自信。关于这一点，心理学上有个著名的词语——"习得性无助"。

"习得性无助"是美国心理学家塞利格曼1967年在研究动物时提出的。

他用狗做了一项实验：他先把狗关在笼子里，当准备好的蜂音器一响，就电击笼子里的狗，狗在笼子里只能呻吟和颤抖。

就这样重复了几次后，当他再次打开蜂音器，在电击之前将笼子的门打开，但奇怪的是，狗居然没有夺门而出，而是在电击之前一听蜂音器响就呈现出痛苦状。原本，这只狗可以主动地离开笼子，免除这种痛苦，但它却选择逃避。心理学家们把这种在受到多次挫折之后产生的对付情境的无能为力感叫作"习得性无助"或"习得性绝望感"。

那么，"习得性无助"又是怎样产生的呢？原因很简单，当一个人总是经受失败和打击，体验到的成功太少，或者根本没尝到成功的滋味，那么，他就会形成一种无助感，甚至对自我价值的认知也是消极的。

习得性无助是一种常见的心理现象，它不仅发生在成人当中，在孩子中也普遍存在。比如，有些孩子之所以对学习提不起兴趣，一到上课就睡觉，甚至厌学、逃学，其中很大一部分原因就在于学习上的"习得性无助"。因此，作为家长，一定要注意孩子的情绪，不要让孩子产生"习得性无助"。对于自卑的孩子，一定要帮助他们重拾信心。

具体来说，家长可以这样做：

1.尊重孩子的成长规律，不要总拿他和其他孩子作比较

我们不得不承认，每个孩子的智力是不一样的，学习能力也不可能完全一样，因此，当你的孩子学习效率不如其他人时，你不能这样打击他："你怎么这么笨啊，你看人家半小时就能背下来，你怎么就是背不下来。"本来孩子很努力地学习，现在你又拿他和别的孩子比较，这势必会给孩子造成一定的心理压力，孩子会认为自己真的比别人差、比别人笨，于是形成恶性循环。其实，家长需要做的是为孩子营造宽松的家庭氛围，使孩子能够放松心态自然地进入求知状态。

2.不要总是批评孩子

有的父母认为"棍棒之下出人才。"事实上，那些很少被父母表扬或者总是被父母批评的孩子很容易对自己失去自信心，对自己力所能及的事也会产生退缩心理，从而慢慢地失去主动性，形成对任何事都漠不关心的态度。

3.关注孩子的点滴进步

有的孩子学习成绩差，家长总是焦急甚至埋怨。要知道，孩子学习成绩的

转化是需要一个过程的，今天他考五十分，你不可能让他明天就考一百分。因此，你要有耐心，要关注孩子的点滴进步，如果他们的努力和进步被忽略，或者努力没有取得任何效果，孩子就会怀疑自己的能力，进而产生习得性无助感。

所以，家长要特别关注孩子的点滴进步，发现他们的闪光点，要善于纵向比较，多表扬和鼓励，让孩子看到自己努力的成果，从而产生自信，减少挫折感。

4.鼓励孩子大胆尝试

孩子都是充满好奇心的，他们很喜欢尝试，对此，家长应给予鼓励和指导，千万不要打击孩子的积极性，即便孩子做错了，也不要训斥，要及时地关注自己的孩子，鼓励和帮助他们树立自信心，摆脱挫折，远离无助感。

> **心理小贴士**
>
> 孩子天生就是积极的，喜欢尝试的，但在他们后天的教育中，他们很少成功，经常被父母批评等，以至于变得胆小、自卑、消极，这对于孩子的成长是极为不利的。因此，为人父母，有必要关注孩子在成长过程中的情绪变化，以免孩子产生习得性无助感。

遗忘曲线：根据遗忘规律帮助孩子合理安排学习时间

很多家长在辅导孩子学习时，常常会遇到一个头痛的问题：孩子很健忘，刚学过的知识就忘了，要怎样帮助孩子复习才能取得好的效果呢？对于这一问题，德国心理学家艾宾浩斯提出了一个著名的遗忘曲线，他经过研究发现，遗忘从学习之后就开始了，而且遗忘的进程并不是均衡的。随着时间的推进，遗忘的速度是先快后慢的。

根据这一规律，后来，又有人做了这样一个实验：

两组学生学习一篇课文，甲组在学习后不久进行一次复习，乙组不予以复习。一天后，甲组对课文记忆保持98%，乙组保持56%；一周后，甲组保持83%，乙组保持33%。乙组的遗忘平均值比甲组高。

这个实验告诉我们，学习中的遗忘是有规律的，遗忘的进程不是均衡的，而是在记忆的最初阶段遗忘得最快，后来就逐渐减慢，到了相当长的时间，几乎就不再遗忘了，这就是遗忘的发展规律，即"先快后慢"的原则。根据遗忘规律我们可以知道，如果孩子所学知识一天之后不抓紧复习，就会所剩无几。

因此，父母在了解遗忘曲线的同时，帮孩子制订记忆计划也是十分必要的。具体来说，父母可以指导孩子掌握以下复习要点：

要点一：掌握最佳的复习时间

要求孩子听讲之后尽早复习，可减少遗忘，同时可把新旧知识联系起来，弄清楚知识前后的联系和规律。

根据遗忘曲线我们发现，晚上睡觉前和早上醒来后是两个记忆黄金时段！艾宾浩斯遗忘规律提示，24小时以内接触过的信息，睡前和醒后进行复习，可保持34%的记忆。因此，睡前复习白天或以前学过的内容，可巩固记忆。而早晨起床后，重新复习一遍昨晚复习过的内容，那么，整个上午都会对那些内容记忆犹新。所以说睡前和醒后这两个时间段千万不要浪费，若能充分利用，则事半功倍。

要点二：多种形式复习

复习是对信息的重新编码，可采用看、听、记、背、说、写、做等多种形式复习整理知识，不必一味机械重复。科学指出，复习的效果在于编码的适宜性，而不在次数。

要点三：单元系统复习

这一般在测验和考试之前进行，复习重点是领会各知识要点之间的联系，要抓重点和难点，并使知识系统化、结构化。对错题进行再次练习被证明是提高成绩的一大法宝。

要点四：假期不忘复习

每年的寒暑假及劳动节、国庆节，学生闲暇时间较多，家长可以督促和提醒孩子，除完成作业外，应适当复习，防止遗忘。在节假日，孩子还可以适当阅读课外书，加深和拓宽对知识的理解、巩固和运用。

知识的积累，就像建造房子，从砖到墙、从墙到梁，是一个循序渐进的过程。家长在督促孩子学习的时候，也要掌握一定的方法，这样，孩子复习的时间不用很长，但效果会很好。磨刀不误砍柴工，说的就是这个道理！

> **心理小贴士**
>
> 艾宾浩斯遗忘曲线告诉我们，遗忘的规律是先快后慢，特别是识记后48小时左右，如果不再次记忆，遗忘率则高达72%，所以不能认为隔几小时与隔几天复习是一回事儿，应及时复习，间隔一般不应超过2天。

下篇 教子实战心理策略

第6章　好妈妈懂点儿情绪心理学，帮助孩子疏通不良情绪

有些家长总是无意识地控制孩子的一切，在他们看来孩子还小，什么都不懂，所以不管孩子做什么他们都不放心。但是孩子也有自己的思想，家长切不可把孩子管得太严了，偶尔给他们一点儿自己的空间，让孩子健康自由地成长。

孩子心情不好时，家长不要想着帮其解决

当今社会，人们生活和工作的压力越来越大，很多人会心烦意乱，无法控制自己的情绪。在遇到挫折或者委屈的时候会用一种适当的方法发泄心中的不满。大人如此，小孩也不例外。

在学校的时候，孩子们之间也会有矛盾、有冲突，同样会碰到不开心的事儿，于是就会做出冲动的行为，例如，大哭大闹、高声号叫、摔坏玩具、撕破画册，甚至赖在地上打滚，故意把衣服弄脏弄破等。这些在老师和家长看来似乎是无缘无故的发作，甚至认为是一种无理取闹。但是家长要知道，孩子通过这些宣泄和撒泼，可以缓解他们紧张焦虑的心理和排解心中的压抑，当他们排除了自己内心的郁闷之后，心境就会趋于平衡，恢复到正常状态。

家长大都遇到过孩子使性子,即使那些性格很温和、很听话的孩子,一旦情绪不佳,他们就会采取哭闹、不吃饭等方式来发泄,但不了解情况的父母常常这样训斥他们:"你这孩子怎么这么不讲道理呢?"其实,有时候孩子并不是不讲道理,只是大多数情况下他控制不住自己的情绪,甚至导致他情绪失控的不一定是表面那个理由,那只是一个导火索,他只是需要发泄罢了。

小东的父母不知道如何教孩子控制情绪,他们想等他自己慢慢摸索练习,他们能做的只是尽量有效地安抚他。因为小东的爸爸妈妈发现他一开始发脾气的时候试图劝服绝对是一个不明智的选择。所以,爸爸妈妈一般会有一段时间任他哭闹,对他不作任何反应,只是安静地旁观,等他闹够了,气势稍懈的时候,再安慰安慰他,想办法开个小玩笑,总之,给他一个破涕为笑的台阶下。

小东的爸爸妈妈在孩子发脾气的时候冷处理,其实就是给孩子一个宣泄的空间。因为孩子也有自己的烦恼和压力,很多事情在孩子看来未必想要家长帮他们解决,因为家长想要帮助他们本身就是他们压力的来源。

在孩子心情不好的时候,家长不要过于担心,要正确看待孩子突然的暴躁脾气,正确分析孩子发脾气的原因,适当给予引导,有时不过多干涉可能更好。给他一个宣泄的空间,等他发完脾气再慢慢跟他讲道理。孩子需要足够的空间充分释放自己,自由支配他们的一切,不用注意家长的态度。这样的环境,可以从很大程度上满足孩子的生理、心理需求。

> **心理小贴士**
>
> 有些家长或者老师,由于不理解孩子的这一心理特点,把孩子的宣泄行为视为不乖、不懂事、有意破坏,因而严加训斥与制止,迫使孩子

强行克制发作的脾气，这样做既不公道，又不科学，对孩子也是相当残忍的一件事情。

当孩子心情不好的时候家长不要急于安抚孩子，孩子需要一个宣泄情绪的空间，家长此时最好让孩子独立处理事情。

引导孩子找到宣泄内心坏情绪的好方法

很多家长总是因为孩子的年龄还小而对孩子的内心活动不太重视，他们觉得孩子太小，什么都不懂，怎么会有不好的情绪？

有这样一则故事：

这天，妈妈下班后看到7岁的小米正在客厅的角落里画画，好奇的她便走过去想看看女儿到底在画什么。

"小米，画什么呢？"妈妈觉得奇怪，因为她知道，小米最不喜欢画画了，为什么今天会一个人画画呢？

"画房间。"小米知道妈妈站在自己的身后，但她却没有停下手上的"工作"。

"这是谁的房间啊？"妈妈继续问道。

"玲玲的房间。"小米还在继续画着。

"她的房间怎么这么小，估计只能搁得下一张床吧？"妈妈觉得孩子有爱好是好事儿，开始和小米聊天儿。

"会慢慢变大的。"小米一边画，一边表现得很兴奋。

"她的房间怎么是漆黑漆黑的？"妈妈疑惑地问。

"是呀，就是一间漆黑的房间。"小米很认真地说。

"真奇怪，谁会住在这样一间漆黑的房间里？"妈妈更加觉得奇怪了，她正准备起身去做家务。

"看哪！起火啦！"小米突然大声叫了一声。

妈妈这时才发现，刚刚小米画的那个房间突然被火红的颜料覆盖了，这就是小米说的着火了。

孩子为什么要画这样的画？又为什么要这样毁掉画呢？妈妈心想，小米一定遇到了什么事，经过询问，妈妈才知道，原来小米在学校被玲玲欺负了。玲玲对其他同学说不要和小米做朋友，还孤立小米。小米心里压抑，就想出这样的方法来发泄自己心中的郁闷。

在小米看来，玲玲就应该住在这样漆黑的房间里，然后她的房间还着火了，当她把红色颜料泼在画上时，她心中的郁闷也就消失得无影无踪了。

可能很多家长会觉得孩子把好好的画儿毁了真是可惜了，不会想到孩子其实是不开心了或者孩子在学校受委屈了，他们只是想通过这种途径来发泄心中的不满与委屈。其实，孩子也有他们的思想，他们在遇到问题的时候不希望妈妈跟自己讲道理，而是希望通过做点儿什么来发泄自己心中的不满，并自己独立解决这个问题。

心理小贴士

很多家长有着根深蒂固的思想，觉得孩子还小，就不会对别人产生不满的情绪，所以并不关注孩子的内心，而且对于孩子的很多事情家长以为自己能帮其解决。

> 作为家长,要在关注孩子的同时给孩子一定的空间,让孩子学会独立处理事情。不要总想控制孩子,因为很多时候孩子并不希望家长帮自己解决问题,他们有自己的思想,他们希望用属于自己的方式来发泄心中的坏情绪。

好妈妈要让孩子明白,"勇敢的孩子也可以哭"

很多家长觉得孩子哭起来是件很麻烦的事情。当孩子大声哭泣的时候他们总是大声呵斥"不要哭了!"虽然孩子当时止住了哭声,但是之后很长的一段时间,孩子情绪低落,不再轻易地相信任何人。很多家长不明白这是怎么一回事儿,他们以为只要孩子止住了哭声就算没事了。结果孩子一直情绪低落,家长非常不安和恼怒,这样一来就会影响家庭的和谐。

其实,当孩子哭泣的时候,家长换一种做法可以直接调整孩子的情绪。这时候,家长应该停下手中的事,安静地坐在孩子的身旁,不打断孩子的哭泣,当他哭完之后,内心的郁闷情绪也会逐渐消解,而他也会觉得你是支持他的,就会重新树立信心和希望,这样,孩子受伤的感情就会得到痊愈。

具体来说,家长可以这样做:

首先,要正确理解孩子对哭的需要。当孩子觉得自己被周围的人忽视或者自信心被打击的时候很容易受伤,当他们无法找到支持自己尝试的信心时他就会哭出来。然而,很多家长觉得孩子喜欢哭就代表着孩子比较软弱,其实不然。大哭不止,直到不快情绪消失这种康复过程很自然地发生在孩子身上。每当他们感受不到爱或丧失信心时，就会启动这个过程。当孩子为独自挨过半小时感到烦恼时，就会把不快投射到一件小事上。有时，孩子为一些看似鸡毛蒜皮的小事大哭一场，是为了缓解他们不快的心情。

其次，要耐心倾听孩子的哭泣。哭泣是愈合感情创伤的必要过程。当孩子哭泣时，有家长在他身边，他会感到支持和关心。一旦通过哭泣排除了烦恼，他又可以精神焕发地面对生活。所以，倾听孩子的哭泣，能使他摆脱所面对的困境，并从所受的伤害中恢复过来。

很多家长疑惑孩子无缘无故为什么会哭？除了孩子比较软弱这个解释外，好像其他都说不通。其实，孩子只是在寻求一种可以释放心中不安的途径，当他们哭泣的时候父母会给予他们温暖和安慰，在父母温软的言语中孩子的情绪很容易就会得到平复。

> **心理小贴士**
>
> 　　家长要知道孩子喜欢哭泣并不表明这个孩子就是软弱的，他只是需要一种途径来宣泄自己心中的不安。
>
> 　　孩子哭泣的时候家长要学会倾听，但是在倾听的时候不要流露出不安的情绪，也不要给孩子讲一些自认为的大道理，否则只会让孩子觉得家长并不了解自己，并不是真正关心自己。

给予积极的心理暗示，让心情低落的孩子重燃希望

大人在生活或者工作的过程中总会或多或少遇到不顺心的事情，因为这

些事情长时间积压在心里压得人喘不过气来，最终演变成心理问题，大人尚且如此，孩子就更加不例外了。而且孩子跟大人一样，也会有自己的烦恼，但是因为孩子年龄还小，心理不成熟，不会处理自己焦躁的情绪。

大人在心情焦躁的时候懂得想一些积极的事情激励自己，但是孩子不一样，他们的心理和思想都是不成熟的，即使再聪明的孩子这时候也会钻"牛角尖"的，所以家长就要有意识地对孩子做一些心理暗示，来消除孩子内心的焦虑。

小明今年上三年级，成绩一直名列前茅。但是在一次中考中，他发挥失常，没有进到全班前十。对此，他一直很沮丧、很失落，对于考试也开始恐惧。小明的妈妈看在眼里，急在心里，生怕孩子从此一蹶不振。

小明的妈妈专门询问了儿童心理方面的老师，老师告诉她在孩子沮丧的时候要给他一些必要的心理暗示，从而慢慢改变孩子沮丧郁结的心理。

小明的妈妈回家后，小明每做一件事妈妈都会说"小明真棒""小明真聪明"之类的话，当小明做完家庭作业妈妈还会让小明扮演自己的老师来评判他的作业做得怎么样。小明的妈妈很长一段时间坚持这么做，后来，小明不管遇到什么事情总是充满自信，再也不会控制不住自己的情绪了。

孩子因为心理不成熟所以很容易被焦虑的情绪所控制，但是对于孩子来说，一些简单的心理暗示就可以让他们克服这些不良情绪。

心理暗示法中有一条是：角色扮演。学习压力大的孩子，可以在家长的帮助下想象自己就是老师。考试考的是同学而不是自己，想象平时与同学一起探讨某一道习题，这样反复进行，慢慢地会缓解紧张情绪。心理暗示有助于孩子消除焦虑和烦躁情绪，如果坚持下去，就会减轻孩子的紧张情绪。

心理暗示法中还有一条：积极暗示。积极的心理暗示是一种正向的提醒和指令，会引导人潜在的积极动机，使人产生积极的行为。心理暗示是一种启示、提醒和指令，它会告诉你注意什么、追求什么、致力于什么和怎样行动。

通过积极的心理暗示，孩子能更快地摆脱自己的焦虑情绪，健康快乐地成长。

> **心理小贴士**
>
> 当孩子情绪不好的时候父母不要急于安慰他，这样孩子反而越发觉得委屈，而且家长安慰孩子的时候更喜欢站在孩子这一边。
>
> 每个家长都应该懂得孩子的心理，在他们心情不好或不被肯定的时候，家长要有意识地给孩子一些积极的心理暗示，让孩子认识到自己的重要性，迅速摆脱低落的心态。

妈妈首先要控制情绪，谨防"坏心情"的传染

很多家长不太注重孩子心情的变化，他们觉得孩子还小，什么都不懂，不会郁积不满的情绪。就算有不满的情绪，没多久他们肯定也会忘了。但是这些家长却慢慢地发现自己的孩子变得越来越沉默，越来越不喜欢与自己沟通。为此，家长很疑惑，孩子为什么突然做出这样他们完全想象不到的行为。

青青五年级了，一次检测考试没有考好，她觉得自己不应该只考那么少的分数，回家后她向妈妈倾诉自己的不满，但是当时妈妈正在做饭，就让她去找爸爸。青青又拿着试卷去找爸爸，爸爸当时正在看球赛，他很不耐烦地让青青去找妈妈。青青拿着卷子站了很久之后回到了自己的卧室。就从这天开始，父母发现青青不喜欢和他们沟通了，她总喜欢一个人默默地吃饭，做作业，然

后就悄悄地回到自己的卧室。

夫妻俩因为青青的事情总是愁眉不展,不知道青青怎么了,因为孩子的事情没少吵架,每次吵架家里总是弥漫着一股硝烟味,青青看着父母吵架的样子越发害怕,她变得更加沉默了。

这个事例告诉我们:即使一个小小的坏情绪如果得不到妥善的处理也会引发更大的矛盾,坏情绪是会传染的。青青本身就觉得自己被否定了,但在向父母寻求帮助时父母并没有给她想要的安慰。如果青青的父母一开始能够正视青青的情绪,青青就不会变得越来越沉默,夫妻俩也不会因为青青的事情而吵架,导致青青原本脆弱的内心变得更加脆弱,对生活和学习甚至自己的亲人产生不信任的感觉。

其实,人就像一块海绵,会不断吸收别人的情绪。当孩子感受到他人不耐烦甚至不满的情绪时,敏感的他们就会变得消极。那么,如何防止被坏情绪"传染"呢?心理专家们认为,这需要考验智慧和心理素养。但是孩子的智慧和心理素养都不足以解决这样复杂的问题,这时候就需要家长发挥自己的作用。

心理小贴士

即使孩子的心理和生理很不成熟,他们还是有自己的思想,作为家长,一定要注意孩子的内心活动。正是因为孩子心理和生理都不成熟,所以很多事情需要家长来操心。

坏情绪是长着翅膀的,刚开始虽然显得微不足道,作为家长,为了自己孩子健康地成长,学会见微知著很重要,否则孩子小小的坏情绪就会导致整个家庭的不和谐。

引导孩子学习情绪管理，使其尽快摆脱"坏情绪"

一个人在难过、生气和焦虑的时候总想着尽快摆脱这些不好的情绪，他们总是习惯向别人倾诉，而倾诉确实是摆脱坏情绪最好的方法，但是如果没有倾听的人或者当事人是个孩子，倾诉就失去了它原本的作用。

当孩子在学习和生活中不顺心时，他们不愿意或者没办法向家长倾诉的时候，家长应该试着带孩子做做运动、听听音乐，应该多给他们一些积极的心理暗示，让孩子感觉到学习和生活的乐趣，并健康快乐地生活。还有一种方法就是颜色调节法，温暖、明快、活泼的颜色，能使沮丧的心境得到缓解；中性色具有抚慰和镇定的作用；淡蓝色可以稳定情绪。为此，如果孩子真的很生气，那么，家长则可以带孩子看一些能调节心情的颜色，但要注意避开红色。

瞳瞳每次心情低落的时候，她的父母都不知道怎么安慰她，只是一味地担心，一味地说事情总会过去的，但是瞳瞳的心态总不见转变。她的父母很着急，但是自从知道这几种能使孩子摆脱坏情绪的方法后，他们明显轻松多了。因为只要瞳瞳不想和父母交流的时候，他们便带她出去运动，而且不管什么运动瞳瞳总是开心快乐的。同样地，颜色调节法、心理暗示法等在瞳瞳身上也很奏效，懂得安抚女儿心理的夫妻俩都很开心。

其实，孩子跟大人一样，在遇到问题的时候也有无处倾诉的时候，这就需要家长多多关注孩子的内心，认清孩子每天的心情变化，只有随时知道孩子心情的动向，家长们才能对症下药，让自己的孩子生活得更加快乐、更加健康。

> **心理小贴士**
>
> 每个孩子都是家长的宝贝。孩子心态不好的时候如果家长再乱了阵脚，那只能影响孩子健康成长。
>
> 每个家长一定要知道当孩子心情低落时怎么正确地安抚孩子，不能让孩子感觉到家长们是刻意而为之，一定要流露出自己最自然的一面，运用有效的方式让孩子尽快地摆脱坏情绪。

第7章　孩子的每个行为都并非空穴来风，好妈妈洞察孩子行为背后的秘密

很多孩子为了引起家长的关注，总会做出一些让家长不能理解的举动，而且这些举动让家长非常担心自己的孩子是不是太软弱，或者不学好。而孩子只是单纯地想引起别人的关注，运用的方式不得当而已。作为家长，就要学会洞察孩子行为背后的秘密，然后把孩子心里的幼苗扶正。

虐待小动物的孩子是什么心理

俗话说："人之初，性本善。"每个人生性都是善良的，尤其对于外界的一切还未准确认知的孩子，他们的内心更是十分单纯。一般情况下，孩子都喜欢小动物，但是有些孩子却不是，他们以虐待小动物为乐趣。他们喜欢追打小动物或残害小动物，当听到小动物的哀鸣，或是看到小动物垂死挣扎的情景时，感到快慰。

这并不能说明这个孩子内心有多么邪恶，孩子虐待小动物有很多原因：

第一，孩子心情低落。现在很多家长因为忙于工作不能与孩子进行过多的接触，对于孩子正在做什么和想做什么，并不会过多关心。下班回家后只会沉浸在白天工作的情绪当中，孩子在学校学习一整天回家后想找人倾诉的时候

却发现就连自己的家长都不愿与自己进行过多的交流。孩子会觉得这样的生活索然无味，然后就搞各种恶作剧，但是家长又会干涉孩子的自由，不是正确地引导孩子该怎么做，而是直截了当地告诉孩子这个你不能做。至于不能做的理由是什么却绝口不提。这正好同孩子喜欢自由的天性相悖，当孩子的好奇心得不到满足时，就只能找小动物释放自己内心的抑郁情绪。

第二，孩子的生活总是受到诸多的限制。相对于大人的生活，孩子的生活就显得刺激太少。有很多孩子想在恶作剧中来寻求一种刺激。所以，孩子拿小动物撒气的行为也就有了一定的解释。

第三，随着孩子的成长，他们需要更多的自信心，而伤害小动物正是他们获得心理安慰的一种手段，这就是为什么那些伤害小动物的孩子看起来总是精力旺盛。

第四，有的孩子因为曾经和小动物有"过节"，也就是被小动物伤害过，也会对小动物比较残忍，在他们看来，你欺负了我，我就要还回去。

第五，孩子爱虐待小动物，有时候也和孩子的生活环境有关系。那些处于关系紧张的家庭、感受不到关爱的孩子通常情绪都很压抑，可能就会产生虐待小动物的行为。

对孩子虐待小动物的行为，作为父母，我们一定要加以制止、教育，不能让孩子继续下去，比较有效的方法是：

第一，培养孩子对小动物的爱护之情。家长可以通过讲故事和童话来教育孩子，描绘出小动物的善良和可爱以及它们被捕捉时的悲惨，从而激发孩子对小动物的同情和爱护。

第二，和孩子一起养一些小动物。适合孩子养的小动物有很多，比如，金鱼、兔子、小鸟等，这样，当孩子目睹了小动物的成长过程，便与小动物建立起了感情，就不忍心再伤害小动物。

第三，转移孩子的视线。家长可以帮助孩子把精力转移到劳动、学习和游戏中来，孩子的剩余精力被转移了，也就不会虐待小动物了。

> **心理小贴士**
>
> 　　家长要知道，当自己的孩子做出虐待小动物的行为时，就说明孩子心理压力已经累积到了一定程度，这颗定时炸弹随时都可能爆炸。
>
> 　　作为父母，一定要了解孩子为什么虐待小动物，一定要制止孩子的这种行为。

孩子内心压抑时会有什么表现

孩子虽然年纪小，但是他们所懂的却是很多家长无法想象的。他们大多时候都是很开心很乐观的，但也会有心情不好的时候。而他们心情不好、内心压抑的时候总会有多种表现方式：

第一，过度忧虑。生活中，孩子遇到一些事会害怕是很正常的，但如果过度忧虑、担心和害怕，那么，父母就应该引起重视了。

第二，不吃饭。孩子心情不好，他们通常以不吃饭来表达自己的情绪。

第三，呜咽。通常来说，孩子呜咽可能是身体不适或者饥饿，但也可能是减压的一种自然方式。如果他们心情压抑而得不到释放，就很容易垮下来。孩子遇事呜咽时，家长不要认为这是孩子脆弱的表现，而应该心平气和地看待。

第四，疾病重复。可能有些父母也曾遇到过这样的奇怪现象：孩子总说自己这里不舒服、那里不舒服，但其实孩子并没有生病，孩子到底怎么了？其实，可能是孩子太过紧张。作为父母，即使怀疑孩子在装病，你也应该带孩子去看医生。

第五，不安的睡眠。一般来说，孩子的睡眠比成人要好，因为他们没有成人那么大的压力，但如果你的孩子长期失眠，那么，你有必要问清楚是什么事困扰着他，和他聊聊天，以便疏通孩子的压抑情绪。

第六，攻击性行动。一位心理学家说，不善表达的孩子通常会通过欺负其他伙伴来减轻自己的压力。对于孩子这种行为，父母要尽量少地告诉他做什么以及如何做，否则只能增加他的压力。孩子需要无忧无虑地玩耍，做自己想做的事情。

第七，撒谎、欺骗。四五岁的儿童偶尔会撒谎，但他们并不是故意的，因为他也不知道自己行为的后果，稍大的孩子才能分辨是非对错，但如果他们还习惯撒谎，那么，表明他们正在承受很大的压力。

> **心理小贴士**
>
> 孩子心情压抑时不一定会主动向家长倾诉自己内心的不安与愤懑，这会导致他们越来越压抑，从而做出一些他自己也无法控制的行为。
>
> 作为家长，要对孩子的这些行为加以引导，洞察孩子这么做有什么心理，然后帮助他们疏导，消除他们内心的压抑。

孩子的淘气行为为哪般

孩子小时候总是对外界的一切充满了好奇，他们活泼好动，很多事情喜欢亲自尝试，在过程中难免会做错事。对于孩子的某些行为家长越是反对，孩子就越喜欢尝试。成人倾向于将自己知道的灌输给孩子，但是孩子更喜欢自己摸索，这在家长看来就是孩子过于淘气了。其实，每个人都有好奇心，事情越是神秘，人们就越想寻根问底。

家长教育孩子的时候也要明白这个道理。孩子"淘气"也是出于一种好奇心。孩子对未知的世界永远充满了好奇，他们虽然还小，却很想尝试很多事情，而家长因为不放心常常制止他们。但是家长越制止越会引发他们的好奇，甚至可以完全不顾家长的制止去尝试。好奇心是人类与生俱来的，它让我们的生活充满活力，它是我们度过丰富人生的原动力。

但是有些孩子在受了家长的冷落之后更容易"淘气"，用"淘气"彰显自己对家长的不满，以期得到家长的一句温言软语。小孩子"淘气"还有另一个原因，就是小孩子都有极强的表现欲，他们觉得自己在家长面前表现得越张扬，家长就越在意自己，但是毕竟大人和孩子的思维还有差距，所以即使孩子想做自己认为对的事情，也会成为家长眼中的"淘气包"。

还有一种淘气是因精力过剩。随着幼儿年龄的增长，各种能力不断提高，但成人所能提供的活动环境和条件不能满足孩子的需要，他们剩余的精力无处发泄，也会做出"淘气"行为。比如，一个孩子在上课的时候发现老师讲授的内容自己已经完全掌握了，那他就可能会想方设法故意骚扰旁边正在认真听课的同学，这在大人眼里就是淘气的行为。但事实上，他们只是无聊且没有找出下一个他们觉得有意思的目标罢了。

有的孩子喜欢用有意识的淘气来发泄自己的不满情绪。孩子心情不好的时候喜欢故意做出一些"淘气"的行为。

孩子太过"淘气"是很多家长都为之头疼的问题。孩子太小，言语太重会伤害到孩子；言语太轻，又起不到预期作用。所以家长如何应对孩子所谓"淘气"的行为呢？

其实，家长教育孩子的时候要清楚，孩子只是对外界的事物感到好奇而已，孩子能对周围的事物感兴趣其实是一件好事儿，这是他们懂得学习且想要学习的征兆。对于孩子正常的求知欲望，家长一定要支持孩子并对孩子加以正确的引导，让孩子的好奇心及时得到满足，不要让孩子走上歪路。对于孩子因不满家长或者只想引起家长关注的"淘气"行为，家长一定要及时放下架子，与孩子好好地沟通，让孩子明白他们应该怎么做才能真正被别人关注，应该怎么做才能实现自己的目标。家长的言传身教会让孩子学会正当为人以及理性处事。

心理小贴士

每个孩子的情况是不一样的，家长要具体问题具体分析，这就需要老师和家长多下功夫。儿童阶段是一个人的智力发育和世界观形成的关键时期，正确的引导可以帮助他们打好基础，走好人生的第一步，切勿急于求成。

家长要洞察孩子每个动作背后的意义，正视孩子的心理，使孩子明辨是非，健康快乐地成长。

第7章 孩子的每个行为都并非空穴来风，好妈妈洞察孩子行为背后的秘密

嫉妒是每个孩子成长过程中必然出现的心理现象

我们都知道，嫉妒是一种心理活动，在孩子的成长过程中，嫉妒是慢慢分化出来的。在孩子刚刚出生时，他们的情绪多半和生理有关，比如，吃饱了、穿暖了，他就会表现出愉快的情绪，反之，他就会苦恼。在他三四个月的时候，他的情绪里会分出来快乐和苦恼。在接下来的两个月里，他的情绪又会分化出来惧怕、厌恶、发怒。1岁半以后，从苦恼的情绪中进一步分化为嫉妒和一般的苦恼。例如，如果妈妈说别的孩子乖或者抱了别的孩子，他就会苦恼，这就是因为嫉妒。

瑶瑶有个双胞胎弟弟。六一儿童节那天，妈妈给他们每人准备了一份礼物，在接到礼物的那一刻，瑶瑶看了看自己的礼物包装盒是绿色的，而弟弟的是紫色的，她心想：妈妈送给弟弟的礼物肯定更好。于是，她哭闹起来，并去抢弟弟手上的礼物。接下来，妈妈打开了两个人的礼物，瑶瑶发现，其实她和弟弟的礼物是一样的，都是一个米奇的文具盒，她这才破涕为笑。

看到这里，妈妈心里有一股隐忧：孩子还这么小，怎么会有这么强烈的妒意，要是不及时控制，将来长大了可怎么办？但仔细一想，瑶瑶的嫉妒情绪已经不是一天两天了。

在瑶瑶刚3岁的时候，一天，妈妈带着她和弟弟去堂叔家玩，她看到了堂姐有一件漂亮的粉色连衣裙，而这件恰恰就是她希望妈妈给自己买的，只是当时妈妈说太贵，没舍得买。就在堂姐穿上这件连衣裙问大家好不好看时，瑶瑶却是这样回答的："你就像小丑一样。"堂姐当时就哭了，只是大家以为这是小孩子闹着玩，也没在意。

转眼到了5岁，瑶瑶的嫉妒表现得更强烈了。有一次，邻居家小女孩小惠

来向她借画笔,她明明有,却说画笔坏了。妈妈知道瑶瑶在撒谎,但并没直接说出来,事后,她问瑶瑶为何要说谎。瑶瑶倒是理直气壮地说:"小惠家那么有钱,还没有钱买画笔?真是的,她家房子比咱家的大一倍,她天天都有司机接送,就连班上的同学和老师也都喜欢她。"

瑶瑶妈妈想,是时候问问专家的意见了。专家给了瑶瑶妈妈这样一个建议:让孩子和小惠独处了解更多信息。

这个周末,瑶瑶妈找机会让瑶瑶和小惠独处。晚上,瑶瑶对妈妈说:"原来小惠那么可怜,她每周只能见到她妈妈一次,她妈妈整天到处飞、谈生意,她爸爸常年都在国外,他们虽然住的是大房子,但只有她和她姥姥两个人,哎,看样子,还是我比较幸福。"听到瑶瑶这么说,妈妈很欣慰地笑了笑。

孩子有嫉妒心很正常,这也是儿童心理发展中的自然现象,但作为父母的我们,不能对孩子的这一心理听之任之,而应该及时教育、疏导,以免形成不良性格。因此,父母平时要关心孩子与人相处时的各种表现,一旦发现孩子有嫉妒心理,就要帮助孩子正确地对待,及时疏导。

心理小贴士

父母应该告诉孩子,环境虽有不同,情况也有区别,要学会利用现有条件,凡事没有十全十美。

虽然嫉妒心是孩子成长过程中一种很正常的现象,但是父母不能听之任之,要及时对孩子进行疏导,以免孩子形成不良的性格。

爱"告状"的孩子是什么心理

孩子最依赖的是自己的父母，他们不管遇到什么事情都习惯告诉自己的父母，父母在他们眼里是神圣的，不管自己说什么父母都能解决。正因为如此，他们总希望得到父母的关注，做事情的时候也想试探父母的反应。他们觉得"告状"是最好的方式。

很多家长肯定有过这样的经历：下班后或者与孩子独处的时候，孩子们会向家长倾诉：谁谁谁今天抢我的玩具了，谁谁谁今天碰了我一下……诸如此类。家长听多了，习惯了，就会在孩子向自己倾诉的时候一笑而过。还有些孩子在学校的时候喜欢向老师打小报告，内容不会很具体。一般情况下，就是哪个男生把哪个女生惹哭了，小A拿了他的橡皮擦不还，小B又叫了他不喜欢的那个绰号等。老师比较鼓励同学间有什么矛盾就向老师反映，但是如果孩子频繁向老师反映，对孩子的成长必然是不利的。

那么，我们就要弄清楚孩子为什么喜欢"告状"，并在弄清楚之后告诉孩子怎么改掉他们喜欢"告状"的毛病。其实，孩子喜欢"告状"一个原因就是想引起家长和老师的注意。家长总是忙于工作，老师也要面对很多的小朋友，不会顾及所有人。当孩子发现向老师或者家长"告状"能引起他们注意的时候，便会变本加厉。

孩子喜欢"告状"的另一个原因是想在家长和老师面前表现自己。但是因为认知方面有限，小孩子往往不懂得怎么控制自己的情绪，不知道别人是不是喜欢自己的行为，所以有些事情做得并不是很讨家长和老师的欢心。

所以，"告状"成了孩子获得关注和证明自己的好机会，家长在引导孩子减少告状次数的时候，一定不能急于告诉孩子所做的就是错的，因为孩子的想法并不是这样的，要让孩子放弃自己的想法马上接受另一个想法真的很难，就像大人，也不喜欢别人否定自己的想法一样。

总之，家长在引导孩子的时候一定要摸清孩子的心理脉络，孩子内心很单纯，没有经历过太多，他们只是在摸索自己的生活方式，所以即使在家长看起来他们所做的是错的，也要站在孩子的角度思考问题。

孩子的"告状"看起来虽小，但若处理不当，可能会影响孩子与同伴之间的关系，可能会对孩子性格和品质的形成产生影响。因此，弄清孩子"告状"的原因，有针对性地引导，才能保证孩子的健康成长。

心理小贴士

"告状"是一般的孩子都会做的事，而且孩子喜欢"告状"是有原因的，家长一定要深入了解。

为什么一些小女孩痴迷于洋娃娃

小孩总是喜欢一些毛茸茸的玩具，尤其是小女孩，她们习惯性地将洋娃娃当作自己最好的朋友，有什么心事儿都喜欢向洋娃娃倾诉。也许很多人觉得女孩喜欢洋娃娃，有什么好奇怪的。但是，如果小女孩过度喜欢洋娃娃，就会暴露出许多心理问题。比如，小女孩如果过度喜欢洋娃娃说明她极度缺乏安全感并且孤独。那么，她们为什么会缺乏安全感呢？

其一，父母本身就缺乏安全感，他们在生活中会表现得多疑、敏感，孩子耳濡目染也就变得缺乏安全感。

其二，妈妈从不搂女孩睡觉，导致孩子缺乏爱。有专家指出，母子之间最初的肌肤相亲是孩子获得安全感的前提，但出于各种原因，一些妈妈总是让保姆带女儿睡觉或者把女儿放在婴儿床内，结果，女孩在很小的时候就有一种被妈妈抛弃的感觉，长大后也很难有安全感。

其三，在不完整或者关系不和谐的家庭里成长的孩子很容易缺乏安全感。

小美是单亲家庭里长大的孩子。因为妈妈经常忙于工作，所以小美和妈妈相处的时间并不多。妈妈见小美一个人就给她买了一个漂亮的洋娃娃，她不在家的时候这个洋娃娃可以陪着小美。

因为家庭原因，所以她不喜欢与人交流，平时在学校里也是沉默寡言的，没什么朋友，回到家里妈妈又经常不在家，小小年纪她已经习惯了一个人的生活，洋娃娃成了她唯一可以倾诉的对象。小美心情好或者不好的时候都会跟洋娃娃说。

后来，小美妈妈的工作总算轻松了一些，但是她发现小美经常一个人对着洋娃娃说话、玩耍，对待洋娃娃比对她还要好。小美的妈妈试图劝小美扔掉这个洋娃娃，但是小美拒绝这样做。小美的妈妈意识到了忙于工作而忽略了孩子，现在她十分后悔。

其实，孩子的内心很脆弱，他们渴求温情，也渴望被关注，小美是单亲家庭里长大的孩子，她本身就非常缺乏安全感，再加上性格比较内向，又不能时常跟妈妈交流，致使小美在缺乏安全感的同时感到十分孤独。因为年纪太小，她不知道该向谁倾诉，就只能把洋娃娃当作自己最好的朋友，长此以往，她对洋娃娃便产生了浓浓的依恋之情。

生活中，像小美这样的孩子还有很多，但家长总是找很多的借口为自己开脱：比如，应酬多，每天都要忙许多琐事，怎么能有时间去关注其他事情呢？

> **📌 心理小贴士**
>
> 孩子喜欢玩具是正常的，但是对于某一个玩具过分地依恋，很容易暴露出孩子存在的心理问题。
>
> 家长一定不要为自己找借口，要根据孩子的行为洞察孩子背后的秘密，及时扶正孩子心里的幼苗，不让孩子在成长过程中受到伤害。

安静不下来的孩子，如何引导

儿童多动症、多动综合征又称脑功能轻微失调或轻微脑功能障碍综合征或注意缺陷障碍，是一种常见的儿童行为异常问题。一般来说，患有多动症的孩子的智力是正常的，但在涉及行为、学习以及情绪方面就会产生一些异常，比如，注意力不集中、活动过多等，而这些异常都会影响孩子的生活和学习甚至人际关系，常常让父母和老师感到头疼。

多动症是一种心理问题，而不是简单的大脑发育不平衡，因此，家长要重视儿童的心理问题，及时了解孩子的感受，正确认识孩子的行为，适时引导，完善家庭教育，而不是简单粗暴地对待孩子。

明明今年10岁了，前几年，他就有点儿好动，妈妈也没有在意，以为孩子只是调皮，但这几年，明明的行为更怪异了。听老师说，明明上课总是注意力不集中，即使老师提醒了，他还是这样。回到家，经常不是忘了带课本，就是忘了带作业本，为此，明明的学习成绩也越来越差。明明妈妈开始认识到问题的严重性，于是她带着明明到处看医生，但很多医生诊断不明。后来，在朋友的介绍下，明明妈妈找到了一位专家，根据临床诊断确诊为多动症。随后，专家根据诊断结果制订了一套治疗方案，经过两个疗程的治疗，明明的情况已经有了好转，现在的明明明显"听话"了很多，上课注意听讲，成绩也提高了不少。

一般来讲，患有多动症的儿童的异常行为是否明显与其所处环境有直接关系，比如，在听课、做作业这些需要有严格的规范以及注意力集中的环境中，他们多动的症状就会表现得尤为明显，而到了陌生的环境中，多动的症状就会减轻。

很多家长不知道自己的孩子为什么老是安静不下来，他们怀疑孩子是不是患了比较严重的病症。其实，坐不住的孩子只是因为患有多动症，而多动症是儿童期常见的行为问题。而且通过治疗或者随着孩子年龄的增长，这种症状会得到缓解，甚至消失。

心理小贴士

多动症是一种心理问题，所以，家长要重视儿童的心理问题，及时了解孩子的感受，正确认识孩子的行为，适时引导，而不是简单粗暴地对待孩子。

孩子老是安静不下来，主要是因为孩子患有多动症。多动症是儿童期常见的行为问题，只要家长时刻关注孩子的心理，这种症状会及时地得到缓解甚至消失。

孩子过分依赖妈妈正常吗

可怜天下父母心。为人父母，都爱自己的孩子。作为孩子，也会依恋自己的父母，这来源于一种血浓于水的亲情，更反映了孩子对父母的信任和依赖。孩子对父母适当的依赖对于孩子日后良好人际关系的建立有积极作用，但如果父母不重视对孩子的教育，一味地溺爱孩子，那么，很可能导致孩子的过分依恋。一旦与父母分开，便表现出哭泣、吵闹等情绪，与其他人疏远，行为异常突出等。这是一种病态情绪。

小林结婚后，很快有了个女儿，小林给她取了个小名叫宝宝。小林的丈夫经常去外地出差，因此，照顾女儿的任务就落到了小林身上。小林很疼爱宝宝，一天几乎二十四小时不离开她，宝宝也很爱妈妈。

小林做了五年的家庭主妇后，也出来重新工作，加上她也认识到必须让宝宝学会独立，因此，小林下了个狠心，让宝宝在今年上幼儿园。

然而，宝宝的表现实在令小林很苦恼。这天，她带着宝宝来到幼儿园，在和学校老师谈话过程中，宝宝一直躲在妈妈后面，一句话也不说。在小林准备离开幼儿园时，她死活不让妈妈走，并且哭着说："妈妈，别走，我害怕。"好不容易把宝宝留下了，宝宝还一直哭，不肯吃饭，到了午睡的时间，别的小朋友都睡了，她又吵着要妈妈陪自己睡觉，幼儿园的老师无论怎么劝都没用，不得已请来了经验丰富的主任。

就这样过了两三天，宝宝不哭闹了，但在幼儿园里，她一句话也不说，经常一个人躲起来哭。下午早早地就站在门口，等妈妈来接。回到家里就一刻不停地缠着妈妈，连上卫生间也让妈妈陪着。晚上睡着了，还常常惊叫"妈妈！""妈妈！"见宝贝女儿这样离不开自己，小林上班时也心神不宁，总出岔子。

案例中的人物患了儿童分离性焦虑症。这是一种心理疾病，主要表现在孩子与家人，尤其是与妈妈分离时，出现极度焦虑反应。这在6岁以下儿童中比较常见，男女儿童均可得病。起源是孩子对妈妈过分依恋。

> **心理小贴士**
>
> "世上只有妈妈好"，父母疼爱孩子，孩子眷恋父母，是人的本能，但是孩子对妈妈过分依恋却是一种病。
>
> 家长要采取多种措施，帮助孩子逐步扩大交往范围，如培养孩子与陌生人打招呼的良好习惯，鼓励孩子与别的小朋友玩耍，丰富孩子的生活，提高孩子的情趣，帮助孩子摆脱恋母情结。

听话的孩子一定是好孩子吗

这天放学后，玲玲做完作业，来到小区下面的秋千处，但那儿人很多，玲玲只好等着。好不容易轮到她了，结果，一个老奶奶带着小孙子过来了，她对玲玲说："让给弟弟玩一下好不好？"玲玲当然不高兴了，可是她却不敢拒绝，只好眼巴巴地把机会让给弟弟。

在生活中，玲玲一直是个不敢说"不"的孩子，在大人们的心中，她很懂事、很听话，从不和其他小朋友争。其实，玲玲之所以这样，与玲玲妈妈的教育有关系。玲玲的妈妈性格很强势，加上她在单位是个领导，所以她对玲玲的管教基本上也是命令式的，如果玲玲违抗，她就会说："数到三就必须怎么怎么样，否则有你好看！"久而久之，玲玲就变得听话了。

像玲玲妈妈这样的家长有很多，我们经常听到家长这样对孩子说："听话，不许……""你看某某多听话，你却这么不懂事。""别哭，哭就不是好孩子了。不哭了，哭脸不是乖孩子哦"等。表面上看，孩子在这种教育模式下会变得很听话，实际上，这样无形中会压抑孩子的个性。

也许很多人觉得只要听话就是好孩子，因为听话的孩子不麻烦，听话的孩子可以省很多心。但是不知道有多少"听话"的孩子怯懦、压抑、谨小慎微，很多时候要看他人脸色行事，而迷失了自我。因此，我们可以说，太听话的孩子是很难有创造力和魄力的，更没有辨别是非的能力，这不就违反了教育孩子的初衷吗？

现代家庭中，教育的目的之一就在于让孩子有辨别是非的能力，而这一能力的形成可以从生活中培养孩子的辩驳意识开始。在独生子女家庭中，民主的家庭氛围还是多一些，让孩子敢于和父母平等地对话，能让孩子变得有主张、有见识。

听话就意味着无条件服从，不能发出不同的声音，不能表达独特的见解，不能有不合规矩的行为。很多家长来幼儿园接孩子时会问："你今天听话了吗？"这是因为在很多家长心目中听话就是好孩子，不听话就是坏孩子。但实际上，这是一个多大的谬误。

> **心理小贴士**
>
> 　　孩子没有好坏之分，只有个性的不同，不听话的孩子不一定就是坏孩子，所谓的问题孩子、差生都是因为不当的教育方式，错不在孩子。作为家长，要学会不再强调"听话"而是强调"讲理"；不再追求标准

答案，而允许有独立见解。

好孩子不一定是听话的孩子，听话的孩子很多时候只是压抑自己的内心，然后怯懦地做出一些违心的事情。而这些问题都是需要家长仔细发现的。

第8章　爱孩子但不要溺爱孩子，好妈妈总是温和且理性

在这个世界上，没有一个妈妈是不爱自己的孩子的，孩子就是她们的心头肉，爱孩子是母亲的天性。而且就是因为孩子对于每个母亲来说是最重要的，所以有的时候，妈妈们的爱会失去应有的理性，使自己对孩子的爱变成了对孩子的害。这时候，让所有的妈妈做到温和理性地懂孩子，爱子不惯子很重要。

好妈妈给孩子一个拥抱，就能融化孩子心

有这样一首歌：世上只有妈妈好，有妈的孩子像个宝。没有什么比妈妈陪伴在身边更让孩子感觉到温暖和被爱。歌词还唱：没妈的孩子像根草。所以妈妈要尽可能每天陪伴孩子，让孩子在妈妈爱的沐浴中健康成长，不要让孩子孤独得像是一根小草。

小燕已经5岁了，和别的小女孩不大一样的是，她不爱和妈妈亲近，也不愿意和小朋友们玩，显得郁郁寡欢。小燕的成长环境有点儿特别，妈妈和爸爸离婚后，她被判给了妈妈。然而，为了养活小燕，妈妈变成了女强人，还经常到处出差，很少和小燕一起看电视、一起玩耍。渐渐地，她对妈妈疏远起来，她感觉像是被妈妈抛弃了，所以总是显得很忧郁，看到别的孩子在妈妈身边撒

娇，她就特别羡慕。久而久之，小燕变得内向和孤僻。

心理专家称，妈妈是孩子第一需要也是最需要的人，妈妈在孩子心里的位置是无人能代替的，妈妈给孩子的，不仅仅是生活和教育上的养育，对于孩子来说，妈妈更是他们心灵的依托。在孩子还小时，他们都愿意亲近妈妈，看到妈妈就会觉得安全、满足。因此，作为妈妈，要多抱抱孩子，让孩子感受到你的爱，这样你才能走进孩子的心灵，得到孩子的信任和接纳，从而很好地与孩子沟通，否则很容易产生隔阂，妨碍亲子之间的交流。

事实上，无论是从孩子的身体发育还是品德、行为习惯的养成方面，妈妈都起着至关重要的作用。因此，妈妈要认识到自己所担任角色的重要性，不断亲近孩子，多陪伴孩子，使孩子的心灵充满阳光、温暖。无论工作多么繁忙，都要抽时间和孩子多沟通，做个亲近孩子、了解孩子内心世界的好妈妈。

诚然，现代社会，很多妈妈已不再是家庭主妇，她们需要参加工作，也有很多妈妈工作很忙，但无论如何，妈妈们要记住，再忙也要抽出时间陪孩子，随时给孩子一个温暖的拥抱，让他感到妈妈对他的爱和关注。

妈妈要经常拥抱孩子，一个小小的动作，会让两个人产生很多美好的感情，何乐而不为呢？当孩子离家去上学的时候，妈妈给他一个拥抱，让他走路小心点儿，他会带着微笑愉快地走进学校，愉快地学习，效果当然会更好；当孩子遇到困难挫折时，妈妈给孩子一个拥抱，是鼓励，是安慰，会带给孩子无穷的勇气；当孩子成功时，妈妈给孩子一个拥抱，是赞扬，是肯定，会激发孩子继续前行的热情和信心。即使平时工作再忙，也不要忘记给孩子一个拥抱，让孩子在拥抱中深切体会到妈妈的爱。妈妈和孩子保持亲密接触，是孩子形成良好心理的最佳方式。

> **心理小贴士**
>
> 妈妈是孩子第一需要的人。妈妈给予孩子的,不仅仅是生活上的养育,知识上的教育,更是心灵上的依托。妈妈的爱是任何人都不能替代的,所以不管妈妈平时工作多么繁忙,一定要抽出时间和自己的孩子沟通,要经常拥抱自己的孩子,让他们远离"皮肤饥饿"。
>
> 长大后,孩子有了自己的内心世界,妈妈要通过亲近孩子、陪伴孩子,让孩子感觉到妈妈无微不至的关爱,从而走进孩子的心灵。

好妈妈要了解什么是对孩子真正的爱

现在很多人在一起谈论孩子时总会谈到两种父母:一种是西方父母,一种是中国父母,而且每次谈及中国父母的时候总会有一种自嘲的语气。

确实,很多中国父母对待自己的孩子总是捧在手里怕碎了,含在嘴里又怕化了,恨不得把孩子的一切都包办了。从前,每个中国家庭中总有好几个孩子,这样的情况不是很明显,但是现代社会,多数家庭都是独生子女,所以很多家长难免过度保护自己的孩子。

中国的父母恐怕是世界上最望子成龙的父母,爱孩子是他们的天性,但是溺爱却是人类独创的一种比较另类的爱。这种另类的爱是一种畸形的心理,但是在很多家长中间,这种非常态的爱却被无限地放大。

现代家庭大多是独生子女,小军家就是这样。因为小军是这个家唯一的孩子,所以小军的任何要求他的父母都会答应。小军说什么他们都觉得有道理，小军做什么他们都觉得对。一次，小军和别的孩子打架了，事后，他们刚要询问原因，小军就开始哭闹，他们见状，马上"缴械投降"。

甚至有一次，小军对一个老年人很不礼貌，小军的父母也没有制止。他们觉得童言无忌，不用太介怀，孩子都是没什么恶意的。

他们没有想过，孩子小时候养成的习惯很可能根深蒂固。孩子小时候的教育是很重要的，家长不要觉得只有一个孩子就什么都顺着他，相反要时刻告诉他什么该做什么不该做。小的时候，孩子最容易模仿的就是自己的父母，所以父母在孩子面前一定要注意自己的一言一行。

爱孩子和溺爱孩子是两个完全不同的概念，每个家长都爱自己的孩子，这是作为父母的天性，但是一旦这种爱的性质变了，不管是对孩子还是对于家长都是伤害。由于家长对孩子的过分溺爱，会使孩子的人生观与价值观都发生扭曲，认识事物比较狭隘。

因为在家里他们是家长的心头肉，所以他们在与人交往的过程中难免会犯"小皇帝""小公主"的毛病，但毕竟别人不会一再地容忍他们的这种性格，所以这样的孩子很容易被别人孤立而显得比较孤僻。为了自己的孩子，家长要时刻反省自己，要真正爱自己的孩子而不是溺爱自己的孩子。

心理小贴士

爱不等于溺爱，孩子是需要爱的弱势群体，他们并没有形成完整的人生观、价值观和世界观。父母对待自己孩子的时候要理性，不要因为是独生子女就对其过度保护。因为这样做并不是真正爱自己的孩子。

家长要时刻思考一个问题：你真的爱自己的孩子吗？如果是，那么你了解孩子的想法吗？你知道孩子最需要的是什么吗？你懂你的孩子吗?每天思考这些问题,做一个真正爱孩子的父母。

母爱是孩子一生的资本

在日常生活中,我们常常见到一些孩子的身体和他们的年龄相比,显得过分矮小。出现这种情况,家长和医生总认为是生理或遗传上的原因。但是,医学家们却发现,得不到足够的父母之爱往往是孩子矮小的一个极为重要的原因,医学上称之为"心理性矮小症"。

"心理性矮小症"是指孩子缺乏父母的爱抚,精神上受到压抑,致使孩子生长发育产生了障碍而出现的矮小症。这时候,我们就要考虑一个问题:孩子缺乏爱抚为什么长不高呢?美国著名的精神病学家霍劳博士指出:孩子长期生活在精神压抑、无人关心或经常挨打受骂的家庭环境中,就会导致体内激素分泌减少,出现生长发育障碍。

其实,孩子的身体和心理是一样的,如果孩子长期生活在没有关爱的家庭中,就会产生自卑的感觉,不管在什么时候都会觉得自己低人一等。看到别的孩子那么幸福,他们的自卑感就会更加强烈,从而导致他们更加封闭自己的内心,精神也会更加压抑。缺乏关爱的孩子不仅身体上会产生"心理性矮小症",心理上也会产生"心理性矮小症"。

据有关统计表明:"二战"中,失去双亲的儿童的平均身高要比父母健在的同龄儿童矮几厘米。随后,科学家们做了一个实验,他们将一批精神受到压抑的孩子安置在那些关系和睦的家庭中,让他们受到模拟亲人的爱抚和家庭的温暖，3个月后，约有95%的孩子发育情况发生了变化，生长停滞现象得以消除，身高得到明显的增长，基本上接近其他同龄儿童身高增长的水平。

因此，科学家们认为，爱抚的缺乏、精神上的压力和心灵的创伤，都可导致神经—体液—内分泌等功能紊乱，致使生长激素、甲状腺素等有助于长高的激素分泌减少，从而引起孩子的生长发育障碍。为此，家长应充分关心和爱护孩子，给他们足够的父母之爱，这对孩子的发育和长高都极为有利。

然而，有些家长因为太长时间没有和孩子们接触，所以会有这样的困惑：明明是自己的孩子，却越来越不了解他们了。还有一些家长不知道该如何与自己的孩子沟通，就一直放任这种情况，结果导致孩子的心灵越来越封闭，不懂得与别人交流。

作为一个合格的家长，不仅要在物质上满足孩子，也要在精神上多与自己的孩子接触。家长要知道再优秀的物质条件都不如多抽出时间与自己的孩子相处，了解孩子们有什么想法，知道孩子们最需要的是什么，然后让孩子们感觉到家庭的温暖和父母的关爱。

心理小贴士

家长应该充分关心和爱护自己的孩子，时刻了解孩子在想什么，给予他们家庭的温暖和精神上的抚慰。正因为是孩子们的父母，所以更应该了解自己的孩子，更要尽到自己作为父母的责任，给他们更多的理解和关爱，避免他们在身体和心理上出现"心理性矮小症"。

作为父母，真正爱自己的孩子就要懂自己的孩子，明白自己的孩子最需要的是什么，还要用爱——这种最肥沃的土壤培育孩子身体和心理的成长之树。

第8章　爱孩子但不要溺爱孩子，好妈妈总是温和且理性

"放手"，才是真的爱孩子

现在的一些家长喜欢控制孩子的想法，他们不管孩子做什么都要掌控。就是因为这种强烈的控制欲伤害了孩子的自尊心、自信心和独立性，让孩子失去目标，很多时候不能自己作决定。

某记者在采访完一所中学校长之后发现此中学门口有许多接孩子的家长，他很好奇，以为最近发生了什么重大的事件，于是他过去和家长闲聊了几句。在聊天中他发现，这些家长只是单纯地不放心自己的孩子才来接的。而且令这个记者震惊的是，这些家长不是偶尔来接孩子，而是每天定时定点地来学校门口接他们的孩子。

记者问他们为什么要天天来接孩子，毕竟孩子都上中学了。那些家长的回答惊人一致：孩子还小，我们不来接的话不放心。其中初三学生家长不在少数。

一句"孩子还小，我们不来接的话不放心"说出了多少家长的悲哀。上初中的孩子还小吗？他们已经初步具备了自己的思维方式，同时他们也有自己要好的朋友，他们知道怎么保护自己，更何况只是上学然后回家而已。很多家长不知道，其实，孩子们完全不用家长每天都来接。

家长这样做，表面上不放心孩子的安全，是对自己孩子的爱，但是事实上，却是不信任自己的孩子，这样会严重打击孩子的自信心。家长这样做还有一个原因，那就是想要掌控自己的孩子，他们想随时知道自己的孩子在做些什么。的确，这个世界上会全心全意为自己孩子的只有他们的家长，但是爱孩子也需要理性，不要一味地觉得自己那么做就是对的，不要想着怎么控制自己的孩子，而要想怎么与孩子沟通，怎样理解自己的孩子。

还有一些家长习惯给孩子固定一种思维方式，他们觉得要想为孩子好，

就得让他们死学知识，有的时候不顾孩子的反对一味地命令他们去生活去学习，严重地扼杀了孩子幼小的心灵，将孩子的自尊心、自信心、坚持心和创新能力等非智力因素抛于脑后。

家长习惯性地认为只要自己觉得正确的就适合孩子，他们不觉得自己的想法和方式是错误的。因为他们不习惯和孩子交流，所以总是不理解孩子的想法，才会片面地认为自己的孩子也认同自己的方式。当别人质疑他们的教育方式时他们习惯性用孩子还小当作借口，而不是认真地考虑一下自己对待孩子的方式是否有问题。

> **心理小贴士**
>
> 有一种爱叫作"放手"，爱孩子是父母的天性，父母不管做什么都是为了自己的孩子好，但是作为父母还要注意自己爱孩子的方式，爱并不等于控制。
>
> 爱孩子并不是限制孩子的自由，爱孩子就要时刻与孩子进行有效的沟通，而不是让孩子完全服从自己的思维。孩子虽然需要爱，但也需要自主权。家长们也可以在关爱他们的同时给他们自由，给他们一些广阔的空间，孩子才会更加喜欢与父母交流。

母爱是孩子最温暖的港湾

《屈原列传》中云："夫天者，人之始也；父母者，人之本也。人穷则反本，故劳苦倦极，未尝不呼天也；疾痛惨怛，未尝不呼父母也。"

每个人在遭遇痛苦的时候总会哭爹喊娘，这显示出一个人对于自己父母的依赖。尤其在一个人绝望难过的时候会喊"妈呀"，更能体现出妈妈在一个人心中的重要性。所以，对于孩子也是一样的，他们习惯性地依赖妈妈，妈妈总能给他们安全感。

父母在孩子生长的环境中起到的作用是一样的，但是因为母亲要比父亲细腻，孩子在母亲体内孕育长大，所以从胚胎形成开始，母亲就开始影响孩子，母亲的情绪、体质等会直接反映到孩子身上，所以孩子更愿意与妈妈亲近，更愿意与妈妈畅谈自己的心事。

母亲对孩子的爱总是细腻的，她会很敏感地发现自己的孩子是不是不开心了，是不是和别人闹矛盾了。在孩子受委屈的时候她们总是用温软的言语安慰孩子受伤的心。而且，孩子成长的过程中总是需要母亲为他们解决生活中的一些难题，在孩子的心里，妈妈就是最温暖最重要的存在。

孩子从小就需要母亲的疼爱与照顾，他们的认知系统尚不完善的时候母亲就是指引他们的灯塔。母亲的一言一行都影响着孩子未来的人生。但是母亲对孩子的人生起决定性作用的时间并不长，仅限于孩子的童年，所以，作为母亲，一定要多和孩子接触，尽量带给孩子自信、乐观、豁达、仁慈，这将是孩子一生的财富。

孩子在母亲面前会觉得特别安心，没有什么其他的原因，孩子如果回到家里面对的只是空荡荡的房子，那么，他们的心里一定特别难受。但是如果回到家迎面而来的是妈妈最温暖的怀抱，是妈妈最慈爱的笑容，那么，孩子的心态也会十分乐观。因为在孩子的心里，妈妈总像灯塔一样指引着他们前进。

> **心理小贴士**
>
> 　　所有的妈妈都爱自己的孩子,她们给予孩子的不仅仅是物质,还给予孩子依赖感和安全感,孩子们觉得,只要妈妈在,就没有什么事情解决不了。他们遇到挫折的时候第一时间是征求妈妈的意见,母爱总是他们最温暖的避风港。
>
> 　　母爱是孩子生命中最重要的一部分,他们之所以能够承受苦难是因为母爱的支撑。母爱就是孩子内心深处最安全的岛屿。

好妈妈要经常与孩子沟通,避免孩子出现"心理肥胖"

　　人体长期体验某种情绪,以致超过心理承受的限度,从而导致"心理肥胖"。"心理肥胖"在现代心理医学中称为心理饱和状态,即指心理的承受力到了不能再承受的程度。就像是家长对自己孩子的关爱与保护,如果失去了理性和度,那么,孩子就会渐渐地承受不了家长这种所谓的爱,成为"心理肥胖儿"。

　　因为家长一味地向孩子表达自己所谓的爱而不是和他们交流,了解他们心中所想,所以很多孩子心理上已经是超负荷的状态。

　　有这样一则小故事:有一对夫妻,丈夫五十,妻子四十多岁时才生了一个儿子。由于老来得子,所以对孩子格外疼惜。孩子从小想要什么就有什么,就算是孩子要天上的星星,他们也会爬上天去摘。因为太过爱惜自己的孩子,他们也不让孩子与别人接触,生怕孩子有什么意外,所以孩子从小就没有什么朋友。邻居见了就劝他们要给孩子一些自由,不然孩子容易出现心理疾病,但他们听了觉得邻居是对他们的孩子有企图，所以对孩子的监视也越发严格了。

但是他们怎么也没想到，孩子一天天变得沉默，好像每天都有心事，夫妻俩心想，也许是孩子觉得他们做得还不够好，所以就加倍地对孩子好。但是孩子孤僻的状况并没有得到缓解。他们不得已带孩子去看大夫，大夫却没有检查出孩子究竟得了什么病。于是，夫妻俩终日愁眉苦脸，邻居看他们这么下去也不是办法，就告诉他们去和孩子沟通一下，明白他的想法才是重要的。夫妻俩虽然觉得邻居的建议不怎么样，但是因为实在没别的办法，他们只能去问一下孩子的想法。

孩子见父母终于愿意和自己交流，于是把内心最真实的想法告诉了他们。孩子说，自己知道他们对他好，但是他们这种爱就像囚笼，让自己喘不过气，别人都有朋友就他没有，他觉得自己是个异类。他想通过做一点儿事情证明自己活在这个世界上还有一点点价值，但是什么都被父母包办了，他觉得自己很没用。他想和父母好好地交流一下，但是父母却从不给他机会，他无法承受父母的这种沉重的爱。

夫妻俩知道了孩子的想法后觉得不可思议，他们觉得自己做了那么多的事情都是为了孩子好，他们还能害自己的孩子吗？他们觉得自己的孩子就是狼心狗肺，不知道报恩反过来怪他们做得不对。

的确，每一个家长都是为了自己的孩子好，但是要考虑自己的孩子到底需要什么？是不是自己一厢情愿地付出就是对孩子好。所有的家长都应该反思一下，不要让自己对孩子的爱变成溺爱。

心理小贴士

很多家长一厢情愿地认为不管自己做什么都是为了孩子好，但是他们没有考虑过所做的这些是不是孩子能够承受的。

> 孩子的心总是脆弱的,他们渴望被认同、被关爱,渴望家长在作关于自己的决定时征求一下自己的想法。所以,家长们应该学会时不时地和孩子沟通交流,了解孩子的心理,以免孩子"心理肥胖"。

孩子的智力发展深受父母影响

古语云:养不教,父之过。意思就是说生育子女,只知道养活他们,而不去教导他们,那就是父亲的过错。心理学研究发现,父亲对孩子的健康发展有着非常重要的影响,有些作用甚至是母亲无法替代的。

父亲在家庭教育中的作用,从我国传统教育来看,是至关重要的。但是,在我们的现实生活中,很多家庭教育孩子的任务是由母亲来完成的。至少从表面看来,母亲和孩子在一起的时间最多,父母的教育理念也大都由母亲来灌输。但是母亲在教育方面看重的是细节,而父亲则更注重孩子的整体和方向教育。

中国青少年研究会副会长、家庭教育专家孙云晓教授认为:"对孩子来说,这个世界关于人只有两本书:男人和女人。再好的母亲都不能替代父亲的作用,就像再好的父亲都不能替代母亲的作用一样。"

所以在孩子的成长过程中,父亲和母亲的教育作用是同等重要的。在教育孩子的时候,父亲和母亲扮演的是两种角色,父亲扮演的是刚健的角色,母亲扮演的是温柔的角色。在现代社会家庭中,父亲由于工作以及各种原因,跟孩子在一起的时间越来越少,教育孩子的大小事情都落在了母亲的身上。虽然有些母亲教育孩子的方式很严格,但她们还是代替不了父亲在孩子教育历程中的地位。要想让孩子的性格刚柔并济，父亲的教育就不能少。

孩子出生以后接触的第一个社会是家庭，父母也就是孩子的第一任启蒙老师，而且在孩子的成长过程中起着同等重要的作用。然而，中国很多家庭中，父亲总是因为工作而很少与孩子沟通和接触，孩子总是在和母亲、女教师和保姆中生活，所以孩子们的价值观也会偏向女性化，这时候，父亲对于孩子的教育就尤为重要。

> **心理小贴士**
>
> 现代家庭大多是三口之家，如果父亲常年不在家，孩子就生活在女性世界里。他对男性没有深刻的感受，会出现缺钙一样的精神营养不良，这时候，父亲在孩子生活中就会起到举足轻重的作用。
>
> 父亲是孩子智力发展的特殊催化剂，男性比较擅长逻辑推理、空间定向和抽象思维，有助于孩子相应能力的发展。很多男性在教育孩子的时候总能够把握全局，这是母亲做不到的，所以父爱的水平也会影响孩子的思维方式，而这种思维方式也会在一定程度上影响孩子智商的高低。

第9章　教育中的这些心理误区，好妈妈要尽力避免

家长在教育孩子的时候喜欢控制孩子的思想，为孩子安排好他们的未来，不允许孩子反驳自己的意见；某件事做得好与不好，态度相差极大；觉得孩子永远都小，不能独立处理事情等。其实，这都是家长教育孩子的误区，绝不可长此下去，家长引导孩子走向成功还是需要正确的做法。

奖罚分明，让孩子有清楚的行为认知力

教育是每个孩子必经的一条路，家长和老师在教育孩子的时候要懂得表扬和给孩子自信，但是当孩子犯错时一定要适当地批评，不要因为孩子还小或者错误不是很大就睁一只眼闭一只眼，必要的批评有助于孩子健康成长。在实践教育中，赏罚分明更有益。

有些家长很偏向于"赏识教育"，不管孩子做什么他们都会说"你真棒""做得真好，你真乖"之类的言语。现在整个社会都开始提倡素质教育，"赏识教育"也是现在的一大热门话题，"暴力教育""棍棒教育"已经不适合现代教育了。现在的孩子需要更多的肯定与鼓励，这有利于激发他们的潜能。

但是赏识教育并不是毫无弊端的，渐渐地，家长和老师就会发现，赏识

教育出来的孩子只能听好话，家长和老师稍微说一句批评的话他们就接受不了，而且遭遇一点点挫折他们就会显得十分沮丧。一位教育专家这样提醒："如果没有标准，没有明确的教育指向，一味地赏识，就会演变成一种'精神鸦片'，而现实世界是不可能永远提供给孩子'赏识'这种鸦片的。"所以教育一定要赏识批评相结合。

还有一句话："良言一句三冬暖，恶语伤人六月寒。"很多家长在孩子做错事或者考得不好时就会对孩子恶言相向。有些孩子犯错后宁可被父母狠狠地揍一顿，也不愿意听到父母讽刺挖苦的话，因为那些恶毒的言语带给他们的伤害要远胜于皮肉之苦。孩子都是有自尊心的，而家长在失去理性的时候通常不知道自己说什么。美国耶鲁儿童健康组织调查发现：父母对儿童辱骂、训斥、威吓等行为，会阻碍儿童身体的长高，甚至成为"精神性矮子"。精神压抑会阻碍孩子长高，这同紧张状态引起人体内分泌失调有关。

所以，家长在教育孩子的时候切勿走极端，一定要奖罚分明，不可对孩子过分溺爱，孩子要什么就给什么；也不可逾越孩子自尊的鸿沟，时刻把自己凌驾于孩子之上。孩子做对了就要鼓励，做错了一定要惩罚，但要采取比较温和的方式。人无完人，金无足赤。每个孩子都有他的优点与长处，同时也有缺点与不足。家长要看到孩子身上的优点，给予积极的肯定，使优点与长处得到最大限度的发挥，来弥补自己的缺点与不足。对于缺点不可忽视但也不必过度重视，只要家长正确地引导孩子，孩子就能扬长避短，健康快乐地成长。

心理小贴士

一个人既有优点也有缺点，再优秀的人也会有做错事的时候。一个人只要做错了事情就应该被惩罚，孩子也是一样。孩子做错事时，家长

> 切勿以孩子还小为由对孩子的错误睁一只眼闭一只眼。
>
> 孩子做对事情时，家长不要吝啬自己赞赏的言语和鼓励，孩子做错事时家长一定要让孩子明白只要做错事就会被惩罚的道理。奖励和惩罚不可偏重其一，只有奖罚分明才能更好地教育孩子。

己所欲，亦勿施于人

《论语·颜渊篇》中孔子云："己所不欲，勿施于人。"这句话的意思是：自己不想要的东西千万不要强加给别人。自己不想做的事情也千万不要强加给别人去做。此外，还有一句话："己所欲，亦勿施于人。"即便是自己喜欢的东西或者喜欢做的事情也不要强迫别人去喜欢。

家长喜欢用自己的方式来教育孩子，在教育孩子的问题上，他们会为孩子考虑长远，小目标应该怎样，大目标应该怎样。虽然孩子有诸多不满情绪，但家长总是以一切都是为了孩子好为说辞，不太在意孩子的想法。总觉得孩子还小，不能确定自己真实的想法，所以作为父母就有责任有义务帮他们决定一切。

当然也有一些父母，在得知孩子并不喜欢自己的教育方式时会和孩子进行良好的交流，让他们抒发自己的想法和见解，然后在讨论中各自成长。但是很不幸的是，这样的家长只是少数，很多家长还是习惯控制孩子的思想，让他们按照自己的思维逻辑去做事情，美其名曰：一切为了孩子。

强强最喜欢和伙伴们一起踢足球，但是强强的父母觉得强强这么贪玩下去会耽误学习，所以他们经常禁止强强和伙伴们出去踢球。当强强想要出去踢球的时候，妈妈总会找出许多家庭作业让强强做，不管强强怎么反抗，他的父母总是无动于衷。他们认为孩子就是要听话懂事，不应该那么贪玩儿。

后来，强强的父母为了让强强彻底放弃踢足球，为他报了许多兴趣班，想转移强强的注意力。时间久了，强强也不怎么反抗父母了，而且父母说什么他就做什么，强强的父母对此很满意。但是强强上初中以后却经常逃课，还动不动顶撞老师，与同学打架。父母为此头疼不已，问强强为什么这么做，强强却倔强得一个字都不肯说。无奈之下，父母只能带强强去看心理医生。经过心理医生的一番劝导，强强终于说了一句话："他们总是强迫我做我不喜欢的事情，所以我也要做他们不喜欢的事情。"强强的父母听到这句话之后陷入了深思。

确实，很多急功近利的家长总想为孩子的未来早做准备，为了孩子的全面发展，他们便强迫孩子必须什么都会，必须什么都学，不能输给同龄的孩子。为了让孩子达到他们的要求，他们剥夺了孩子自由选择的权利。实际上，家长得到的只是在他们"强压政策"下的唯命是从，他们从来没有认真地思考过孩子心里想的是什么，孩子最想要的是什么。

孩子需要家长对自己的尊重，即使最终还是家长为自己作决定，但是只要家长在考虑孩子的事情时能和他们交流一下，能问一下他们的意见，他们的心里就会觉得很满足。只要家长肯与孩子交流，孩子就会觉得家长很在意自己的感受，不会觉得家长专制就与家长闹对立。

> **心理小贴士**
>
> 在孩子成长的过程中，家长最应该做的就是慢慢放手，让孩子做自己喜欢做且合理的事情，不要强迫孩子，那样对孩子的成长不利。

> 不强迫孩子每件事情都按家长的意愿去做,这是父母给予孩子最大的理解,只要家长不强迫孩子,家长和孩子之间的代沟就会不攻自破。更重要的是,父母总是孩子最好的榜样,如果父母强迫孩子做他们不喜欢的事情,那孩子也会做出父母不喜欢的事情。

父母教育孩子,方法一定要得当

"冷暴力"是暴力的一种,它的表现形式为冷淡、轻视、放任、疏远和漠不关心,从而导致他人精神上和心理上受到侵犯和伤害。有些父母总是用自己的想法来要求孩子,一旦孩子达不到自己的要求便对孩子冷眼相向、不理不睬。孩子犯错时从来不给孩子温和的言语和笑脸。受到父母的影响,孩子在与人交流的时候也不会太友好。很多孩子会认为家长对待自己的方式也会是别人对待自己的方式,所以他们会渐渐地疏远所有人,把自己孤立起来。

翔翔是个优秀的男孩,在家里一直很听话,在学校,学习成绩和人缘都很好,并且一直是"三好学生"荣誉的获得者。但是最近,翔翔的爸爸却发现翔翔每次放学都不按时回家了,很多次甚至天黑透了才回家。

翔翔的爸爸十分生气,这天,翔翔的爸爸觉得自己再不管翔翔他就要学坏了,于是,他不管三七二十一就把翔翔狠狠地批评了一顿,事后也没有给翔翔解释的机会。一天,翔翔在茶几上写作业,爸爸正在看报纸,突然电话铃响了,是翔翔的老师。老师跟翔翔的爸爸说,他们最近办了一个课外辅导班,成绩好的学生在课后帮助成绩差一点儿的学生尽快提高成绩,翔翔最近几天之所以回来那么晚不是贪玩,而是在帮助同学。翔翔很开心地跟爸爸说:"爸爸,我没有去玩儿,我是在帮助同学。"翔翔原本以为爸爸会向自己道歉,但是没想到爸爸却说:"就你还去帮助别人,你还是得了第一名再去帮助其他同学吧。"

翔翔因为爸爸的这些冷嘲热讽开始变得郁郁寡欢,每当他想要帮助同学的时候就会想起爸爸的冷嘲热讽。后来,他再也不敢帮助同学了,和同学的关系也开始疏远了。而且翔翔从爸爸的冷嘲热讽中总觉得爸爸对他不满意,他的心理压力特别大,成绩也受到了影响,和爸爸的关系也越来越僵。

俗话说:天下无不是之父母。父母作的每个决定都是为了孩子好,他们无意伤害孩子,但是有时候一些决定产生的后果却不是父母所能预料到的。面对冷暴力,孩子未必能理解父母的良苦用心,他们只会被这种暴力伤害得更深,从而影响亲子之间的交流。

家长想要更好地教育孩子,就要及时地跟孩子沟通,及时了解他们心中所想,积极地摒弃冷暴力。只要和孩子建立了良好的沟通渠道,父母就能更好地引导孩子。而且父母在向孩子提出更高的要求时一定要讲究方法,要比以往更有耐心,不要对孩子使用冷暴力,否则孩子不仅不能达到父母预期的要求,还有可能自我封闭。所以家长教育孩子的时候使用冷暴力,就会得不偿失。

> **心理小贴士**
>
> 家长在教育孩子的时候使用冷暴力,会损伤孩子的心灵。不仅不会达到教育孩子的效果,反而会让孩子觉得与父母没有共同语言,从而影响亲子之间的关系。

> 父母教育孩子的方法一定要得宜，如果父母总是对孩子使用冷暴力，那么，孩子就不愿意把自己的想法告知父母。这样做不仅影响孩子和父母之间的关系，还会导致孩子患上自闭症之类的精神疾病，这一定是广大家长不想看见的。

父母要信守承诺，答应孩子的就要做到

《狼来了》故事大家一定都听过。

一个小孩上山去放羊，闲着无聊就对着山下的人大喊："狼来了，狼来了。"当山下的大人都扛着锄头赶上山来的时候，小孩才笑呵呵地对大人们说："我骗你们的。"等大人们都下山开始劳作的时候，他又对着山下的人大喊："狼来了，狼来了。"山下的大人们又全部赶到山上，孩子笑呵呵地说是骗他们的。第三次狼真的来了，不管孩子怎么对着山下的人大喊，大家都不上山了。结果这个孩子的羊都被狼咬死了。

这个故事告诉我们：不可因想要达到自己的某种目的而去愚弄他人，否则不仅会失去他人的信任，自己也会付出相当惨重的代价。很多父母会用这个故事来教育自己的孩子要诚实，只要许诺，就要办到。

家长是孩子们的榜样，孩子在做某一件事的时候会比较偏向于父母平时是怎么做的，他们习惯模仿自己父母的行为。

小军放学回家后写完作业就去电脑上看动画片，他看得正高兴的时候，爸爸下班回来了。小军爸爸每次下班都习惯去看同学同事的留言，把一些重要

的有趣的东西转到贴吧或者论坛里，这次也不例外。小军爸爸对小军说："让爸爸用五分钟，爸爸需要回复一些留言。"小军很懂事地让开了，让爸爸用电脑。但是小军爸爸回复完几条留言，将一些比较重要的资讯转载完正要起身的时候，才发现邮箱里有老板交代的新工作。小军爸爸觉得既然是工作，那等到完成工作再让小军看动画片也没有关系，就这样，很多个五分钟过去了。

过了很长时间，小军走到爸爸的身后，默不出声，小军爸爸因为忙于工作就没有注意到小军的表情，虽然小军爸爸觉得自己没有遵守承诺，但是毕竟为了工作，而小军只是看动画片，纯属娱乐，娱乐是要给工作让步的。所以小军爸爸没有理睬站在一旁的小军，一直把工作做完。晚饭期间，小军突然跟爸爸说："爸爸，你不是经常教我要守信用吗？"小军爸爸诧异地点点头："是呀。""那爸爸你今天为什么不守信用？"小军满脸不高兴。"爸爸那是在工作，娱乐是要让步给工作的嘛。"小军的爸爸试图安慰小军。"爸爸，老师说家长是孩子的榜样，你没有做好榜样。"小军的一句气话提醒了小军爸爸。

其实，很多家长在孩子做错事情的时候总是找很多理由去批评孩子，若是轮到自己，则是真理满天飞。当然，孩子也会思考，认为家长是一个言而无信的人，久而久之，就会对父母产生不良印象，所以家长在教育孩子的时候一定要做一个言而有信的人。

心理小贴士

家长是孩子最好的老师，也是孩子最好的模仿对象。因为家长在孩子的心中总是神圣的，所以孩子会习惯性地把家长当作自己的榜样，在孩子的心目中，家长就是完美的。

所以，家长在教育孩子的时候一定要说到做到，不要为自己的失误

> 找借口。只要自己失误了，就要大胆地承认，并警诫孩子不要这么做。

玩耍是孩子的天性，会玩的孩子才能健康成长

英国儿童教育专家指出：对儿童的早期教育应该从娱乐和游戏开始。儿童在入学前几年所学到的东西比一生中任何时候都要多，学得也快，且大部分知识是在玩耍中学到的。玩耍同正式教育一样重要，没有机会进行各种玩耍的儿童，不管在感情上还是身体上以及成年之后的社交与科学研究方面的发展速度远不如拥有玩耍机会的同龄者。玩耍是可以帮助孩子发展想象力、创造力和自信的，还可以帮助孩子完善语言功能。在玩耍中，孩子没有任何的压力，孩子可以独立作选择并且表明自己的喜好和要求，所以玩耍有利于建立孩子的自我意识。

现代社会的竞争日益激烈，很多孩子被家长塑造成了一台只会学习和上特长班的机器。他们没有时间玩耍，因为家长觉得他们玩儿一小时而别人的小孩已经学习了一小时，为了不让自己的孩子输在起跑线上，家长只能狠下心来不让孩子玩耍。许多家长的心态是：小孩子会不会玩有什么关系，长大会读书就好了。

专家研究表明：玩耍是一门很高深的学问，因为小孩子处在知识吸收能力很强的年龄，在玩耍的过程中，方向感、空间时间的掌握、沟通技巧、如何与他人相处、如何解决问题等技能就会在不知不觉中成为孩子的"囊中之物"。但是缺乏玩耍机会的孩子，也因此缺乏掌握这些技能的机会。所以让不

让孩子玩耍，就成了家长值得考量的问题。

乐乐的妈妈给乐乐报考了许多兴趣班、特长班，包括绘画、钢琴、小提琴之类的。每周周一至周五乐乐都要上学，每天都有繁重的家庭作业，每次看到小朋友在院子里玩耍，她就会十分羡慕。每当乐乐妈妈看到乐乐又往楼下看时就会批评她，让她认真做作业。周末两天，乐乐还要被妈妈送去那些兴趣班。

当乐乐看到很多家长带着小朋友一起玩时，她十分羡慕，于是，她对妈妈说："妈妈，我也想和她们一块儿玩儿。"但是乐乐妈妈没有理睬乐乐。之后，乐乐再也没有向妈妈提过类似的要求。渐渐地，乐乐妈妈发现，乐乐不喜欢笑了，也不喜欢与人交流了。

学习固然很重要，但是玩耍对于孩子来说同等重要，孩子幼年时期很多知识是从玩耍中学到的。可以说，孩子成长的第一步就是玩耍。每个人的人生路都要从第一步开始，如果家长禁止孩子迈出第一步，那孩子又如何走完漫长的人生道路？

> **心理小贴士**
>
> 很多家长认为孩子喜欢玩耍就是不喜欢学习、淘气的表现。家长希望自己的孩子乖巧听话，所以总是限制孩子玩耍。
>
> 家长们要了解，好玩是人的天性，孩子更是如此。玩耍是孩子成长的第一步，孩子在玩耍的时候吸收知识的能力是在其他任何时候都无法比拟的。

好妈妈绝不剥夺孩子说话的权利

很多父母认为：自己活了那么多年，吃过的盐比孩子吃过的饭还多。当然，这只是个比喻，但是大多数父母觉得自己比孩子有经验，有生活阅历，所以他们习惯性地认为他们体验过的，总结出来的经验都是真理；他们习惯性地认为只要自己把这些全部灌输给孩子，孩子就能健康地成长。当孩子想提出自己的某些不同意见时，大多情况下都会看到父母愤怒且不理解孩子的眼神。对于自己的种种表现，家长找了一个完美的借口：我这都是为了孩子好，这样可以让他们少走弯路。

但是事实真的是这样吗？这里有一则故事：

饭店的餐桌上，一个母亲夹了一块鲜嫩的鱼肉，硬往一个五岁男孩的嘴里塞。边塞边说："这孩子中午就没好好吃饭，这么好的鱼，就是不吃。我就不信你这么不听话！"看那样子，她真想把儿子的嘴巴撬开。男孩抗拒着，哭着说："不吃，不吃……"母亲阴沉着脸说："不行，你今天非得把这块鱼肉吃了。上次让你吃青菜你也不吃，你怎么就这么不听话呢？"这时，同桌吃饭的人开始劝说："算了吧，孩子不想吃，干吗那么难为他？"可那位母亲强硬地说："鱼肉和青菜都有营养，但是这孩子就是不听话，每次都不好好吃，这次无论如何也要让他吃下去，我也是为了他好。"同桌的人只好作罢。

其实，这样的事情在我们身边经常发生，而且不是发生在一个家长身上。很多家长习惯用自己的思维去覆盖孩子的思维，自己觉得好的孩子可以去做，自己觉得不好的，孩子绝对不可以触碰。就像吃鱼和青菜一样，家长觉得这两样东西有营养，那么孩子就必须喜欢，当然，这两种食物确实有营养，但是他们却没有考虑孩子为什么不喜欢吃？只是一味地强行让孩子接受。

孩子也是有自己的思想的，他们更希望家长能够尊重他们的意见，可以给他们一个诉说的机会。家长们不要用"听话与否"来判定一个孩子的好坏，应该适当地给孩子一个空间，让他们多多发表自己的意见，并在孩子发表意见的基础上和孩子好好沟通。而且在一些必要的场合，父母要明确表明自己的立场与观点。但同时要给孩子思考的机会，因为父母的话不一定全对。当孩子认真思考之后，如果赞同父母的话就服从，如果不想服从就按照自己的想法来，但是这个想法必须合理。

家长说的虽然有时候都是对的，但是如果强迫孩子服从，通常会适得其反。所以，家长要给孩子一个说话的机会，多和他们交流，时间长了，家长就会发现，原来和孩子相处是一件很轻松的事情。

> **心理小贴士**
>
> 家长不要觉得自己的经验和阅历就是真理。对于家长自己的经历孩子或许有独特的看法，这绝对不是孩子不尊重家长，而是他们的自我意识已经觉醒。
>
> 即使家长说的某些话是真理，也要让孩子认为正确才去接受，而不是家长一味地强加与苛求。这样不仅不能让孩子接受自己的思想，而且会让孩子与自己越来越疏远。作为家长，一定要给孩子说话的权利，一定要尊重孩子说话的权利。

妈妈要清楚地认识到自己和孩子的身份区别

英国的教育思想家洛克很早就提出：家庭教育一定要慎重又慎重，不可以掉以轻心。他说："教育上的错误和配错了药一样，第一次弄错了，决不能指望用第二次和第三次去补救，它们的影响是终生清洗不掉的。"很多人觉得这句话说得特别夸张，一个方法失败了，我们可以吸取经验再用下一个办法，现实也的确如此。但是家长们要想一想，如果第一种教育方式出了问题，对孩子心理造成的伤害又需要花多长时间来弥补呢？

老舍说过："摩登夫妇，教三四岁小孩识字，客来则表演一番，是以儿童为玩物，而忘了儿童的身心教育甚慢，不可助长也。"很多家长习惯于让孩子在朋友或者客人面前表演，不知是真的想让朋友看看自己孩子的"学识"，还是单纯地把孩子当成玩具供大家娱乐。

聪聪今年三岁，虽然年纪小，但是已经会背许多唐诗。见过聪聪的人都夸他古灵精怪，惹人喜爱。很快，聪聪父母的很多同事不约而同地去看聪聪把小手背在身后，踱着步子，有板有眼地背诵唐诗。时间久了，聪聪的父母也觉得聪聪十分好玩儿，每当亲朋好友聚会时就让聪聪如此表演一番，聪聪笨拙的动作把他们逗得哈哈大笑，并对看聪聪的表演乐此不疲。

看到此处，大家肯定想起了另外一个故事——《伤仲永》。一个小孩很有天赋，小小年纪便会吟诗作对，令许多人颇为惊奇。但是他的父亲并没有对他采取进一步的教育，而是带着他走亲访友。因为他没有安心学习，只是被他的父亲当作炫耀的工具，久而久之，他的天赋消失了，他也泯然众人。

可见，孩子不是家长的玩具，他们有自己的思想，但是因为他们的认知和思想都不成熟，所以他们习惯于执行父母下达的命令。对于父母提出的要求，他们会欣然接受，而不会觉得自己在众人面前表演有什么不对，但是这样的表演往往会增强孩子的虚荣心和表演欲。如果家长不对孩子加以正确的引导，孩子的心理便会变得畸形。

当家长发现自己孩子有一定的天赋时，要针对孩子的优势加以正确引导，而不是把孩子当成炫耀的工具。孩子心理不成熟，会去执行家长的命令，家长还要比孩子不成熟吗？孩子前期的成长环境都是由家长创造的，作为家长，一定要帮助孩子树立目标并让他们全身心投入。教育孩子的方法有很多，但是只能建立在父母理解孩子的基础上。家长要明白，孩子不是家长的玩具，家长勿用自己的身份要求孩子做一些对其成长不利的事情。

> **心理小贴士**
>
> 父母如果真的为了孩子好，就要抛弃一切为了孩子好的一系列自私行为，不要把孩子当成在亲朋好友面前炫耀的工具，要学会与孩子平等地交流，教会孩子追求自己的目标。
>
> 家长要对自己和孩子的身份有清楚的认知，要清楚地知道正处于成长阶段的孩子需要正确的引导，而不是盲目地炫耀。作为家长，要以身作则，跟孩子分享经验。家长正确的教育方式对孩子的成长影响深远。

告别"棍棒教育"，妈妈别用家长权威压制孩子

中国有一句老话：棍棒底下出孝子。说的是自己的孩子要严加管教，孝子都是棍棒打出来的。随着"赏识教育"的推行，"棍棒教育"越来越不被广大的

家长和老师接受。但有些家长还是免不了奉行"棍棒教育",他们觉得"棍棒教育"虽然很陈旧,但是很实用。"棍棒教育"可以让很多家长以最简单的方式来对待孩子的错误,使孩子服从自己,从而建立家长所谓的权威。但是,随着素质教育越来越普及,这种棍棒教育已经不再适应现代教育的要求了,家长教育孩子的时候,适当的惩戒很重要,但是要注意方法,要保持理智和理性。

孩子是有尊严的,而且孩子要比大人更加敏感。家长要在尊重孩子的基础上和孩子沟通,孩子犯错后要晓之以理,动之以情。家长在教育孩子的时候,孩子是受者,父母是施者。施者只有对受者有足够的了解才能对其进行良好的教育。在一定程度上,家长无论采取什么样的教育方式孩子都会接受,即使是被迫的。

湖北武汉一名九岁的男孩因考试没达到父亲的要求,被父亲用皮带抽得浑身血迹斑斑,他的父母还逼他挂着牌子游走示众。当地居民和老师纷纷指责父母的粗暴做法,警方也对其进行了干涉。虽然父亲保证以后再也不打孩子了,但是他给孩子造成的心理阴影却是难以抹去的。

家长对孩子的变相体罚会给孩子造成身体和心理的严重伤害,父母在体罚孩子的过程中极易失去理性和理智,会对自己的思想和行为失去控制。孩子的心理十分脆弱且未发育成熟,面对父母的暴力,因为得不到父母的尊重,孩子会产生极其强烈的自卑感。这种自卑感会妨碍孩子性格的发展,造成孩子缺乏自信,交际能力差。而且因为父母常常对孩子使用暴力,孩子会怀疑自己是不是父母亲生的,他们会认为父母不爱他,从而产生孤独和绝望的心理。

孩子极易模仿父母的每一个行为,父母体罚孩子无形中教给了孩子一种如何应对错误和失败的方法。因为父母展示给孩子的不是文明行为,而是暴力行为。遭受父母暴力行为的孩子,等到自己成了父母,他们有可能继续对自己的孩子实施暴力。

所以，为了自己的孩子好，父母在教育孩子的时候要注意与孩子沟通，时刻了解他们的想法。孩子做错事情要受到惩罚，但是一定要用孩子容易接受的、温和的处罚方式，只要孩子知错了，马上停止处罚行为。

> **心理小贴士**
>
> "棍棒教育"下也有成功的案例，比如，钢琴王子郎朗，又如，傅雷教育自己的儿子傅聪，都是棍棒教育出来的人才。但家长采用这些教育方式的时候有没有想过，被打成才的比例究竟有多大？
>
> "棍棒教育"在现代教育中是不可取的，家长失去理性的处罚方式会给孩子造成极为严重的心理创伤。现如今的教育强调按照孩子的身心发展自然地培养孩子成才，不能对孩子使用暴力的手段。

爱唠叨的妈妈要小心教育出逆反的孩子

孩子总是不听话，不服从家长的管教，这让家长在头疼的同时更对孩子"碎碎念"。一些父母经常对孩子反复说教，从来不想孩子是否愿意听，实际上只会不断给孩子以相同的刺激，这种唠叨式的说教使孩子形成了一种心理惰性，导致孩子患上了"心理慢性病"。于是，父母的说教一旦出现再转为刺激，教育效果便随之下降或消失。

父母不管做什么都是为了自己的孩子，也正因为父母过分紧张自己的孩子，所以在教育孩子的时候才会无法控制自己的情绪。家长一旦不能控制自己的情绪，就会扯出许多陈芝麻烂谷子的事情，即使那些事情已经过去很久了，记忆也模糊了，但是家长在情绪失控时那些事情就会非常清晰地浮现在家长的脑海中。而且家长会拿这些不断地对孩子进行言语轰炸，不管孩子怎么解释和反抗，都无济于事。家长这样做不仅不能起到教育孩子的作用，还会让孩子产生逆反心理，不想与家长交流。

很多家长是这样教育孩子的，他们认为这样做可以让孩子"长记性"。有的时候，孩子已经知错了，但是因为另一个错误的带动，孩子要听家长把旧账再翻一遍，第一遍或许还可以达到家长预期的效果，但是时间久了，只会让孩子心理麻木。

这就需要家长学会防止孩子的慢性心理问题，使自己的教育效果不要成为单纯的"口水战"。那么，家长该如何防止呢？

第一，要准确告诉孩子错在哪儿了。有的时候，孩子并不能认识到自己的错误，不是他们不想认识，而是他们不知道原来那么做是错的，这就需要家长对他们加以指导。就像他们做作业的时候总是写得很潦草或是丢三落四，家长一定要告诉孩子你这样做错了，要及时改正。

第二，家长要尽量控制自己批评孩子时的音调。孩子犯了错，本身就害怕，这时候，家长如果再用尖锐的语调去批评孩子，就会刺激孩子的自尊心，即使家长说的话很有道理，孩子还是很难从心理上接受。低沉的语调会让人觉得这种声音乃至这个人都是理性的，低沉的语调外加有道理的言论，会让父母和孩子双方都趋于冷静。

第三，要在适当的时候选择沉默。有些孩子已经习惯了犯错后等待父母的责骂和失去理智的责打。犯错后，如果父母真有这样的举动，他们反而会松一口气，他们觉得终于熬过去了，而不是反省自己的错误。但是如果他们在等待责骂的时候父母反而沉默了，他们会忍不住猜测父母的想法，紧张之后就会反省自己的错误。

第四，要懂得注意强调性。很多孩子对于家长的批评教育一般都是左耳进右耳出，父母的说辞他们基本倒背如流，因为唠叨的内容不变。这时候，家长就要强调自己只说一遍，且一定要这么做，要让孩子品尝到没有好好听话的苦果。

总之，家长一定要记住：不停地唠叨只会使孩子产生反感。

> **心理小贴士**
>
> 孩子犯错，家长一定要杜绝在孩子面前翻陈年旧账，要理智地和孩子讲道理，而不是歇斯底里。
>
> 孩子需要一个能明确告诉自己错在哪儿并要求自己改正的家长，而不是一个毫不讲理的、唠叨得让他们心烦的"唐僧"。

第10章　培养孩子健康心理，好妈妈要营造良性成长环境

西汉·刘向《列女传·卷一·母仪》中写道："孟子生有淑质，幼被慈母三迁之教。"后来，大家用"孟母三迁"来表示人应该接近好的人、事、物，才能学习并拥有好的习惯。"孟母三迁"的故事也说明环境能改变一个人的爱好和习性。

妈妈要及时指出并消除孩子成长环境中的不良因素

在日常生活中，家长可能都有这样的体会：对于某些违反规定的行为，有关组织没有进行处理的情况下，必定会再次出现；干净的街道，人们不会扔垃圾；在安静的图书馆，人们不会大声喧哗；洁白的墙壁，人们不会涂鸦；修剪整齐的草坪，人们不会随意踩踏；进别人一尘不染的客厅，你会自动套上鞋套或脱下鞋子……这就是美国的政治学家威尔逊和犯罪学家凯林提出的"破窗效应"。

所谓"破窗效应"，是关于环境对人们心理造成暗示性或诱导性影响的一种认识。

美国心理学家津巴多曾经做过一个实验：有A、B两辆完全相同的汽车，

津巴多对它们进行了不同的处理，A车完好无损地被他停放在秩序井然的中产阶级社区，而B车则被他摘掉车牌、打开顶棚，停放在相对杂乱的街区，然后观察这两辆车会有什么变化。

结果发现，一周后，A车仍完好无损，而B车不到一天就被偷走。随后，他将A车敲碎一块玻璃，仅仅过了几小时，它也消失不见了。

基于这一实验，美国学者威尔逊和凯林提出了"破窗效应"。"破窗效应"不仅适用于社会犯罪心理和行为上的研究与思考，其道理对于家庭教育中孩子的成长环境也同样适用。某种不良环境因素一旦出现，就会对孩子形成一种错误的暗示。比如，有些违法犯罪分子起初并不是十恶不赦之人，只是"近朱者赤，近墨者黑"，长期与那些行为不良者打交道，他们就被"同化"了，并最终走上歧途。因此，家庭教育中，作为父母，一旦发现孩子生活的环境中出现了一些不良因素，就一定要及时消除。

环境对孩子的成长非常重要，良好的环境是孩子形成正确思想和优秀人格的基础。孩子在什么样的环境成长，就会形成什么样的性格、个性。成功的家庭教育一定要给孩子营造丰富多彩的生活环境和有利的条件，这是孩子快乐进取的物质基础。而对于环境中出现的一些不良因素，作为父母，必须及时为孩子消除。

具体来说，父母需要做到以下几点：

1.维持和谐的家庭氛围，给孩子树立好榜样

家庭氛围对孩子的成长起着潜移默化的巨大作用。一个家庭，如果父母经常吵架或打架，孩子就很容易变得极端，要么性格暴躁，要么怯懦成性。一个家庭，如果父母终日呼朋唤友、喝酒猜拳，那么，孩子也容易贪恋酒桌。为此，父母要以身作则，给孩子营造一种积极向上、温馨和谐的家庭氛围。

2.注意孩子的行为习惯

家长在发现孩子有某些不良的行为习惯时，一定要及时指出来，不能听之任之。比如，如果孩子说脏话，那么，你可以说："这是谁教你说的？你知道吗？这是脏话，一个说脏话的孩子是被人讨厌的。"

3.留意孩子的同学、朋友，别让孩子"近墨者黑"

孩子白天的大部分时间都是和同学、朋友打交道，因此，对于孩子最近突然出现脾气暴躁、说脏话、不爱学习等行为，你不要感到奇怪，这必然和他周围的玩伴有一定的关系。如果孩子和一些社会不良人士打交道，那么，家长一定要出面制止，不能让孩子交恶友。

心理小贴士

孩子成长的环境良性与否，直接关系到孩子的个性、性格、品质的形成。因为孩子的心灵是洁白无瑕、天真纯洁的，他们生活在什么环境中，就会被造就成什么样的人。因此，根据"破窗效应"，对于孩子成长环境中的任何不良因素，父母一定要引起注意并及时消除。

对孩子的期待越高，孩子就越有可能受伤害

人们常说，十个手指头有长短。对于孩子也一样，无论是在天资还是各种能力上，每个孩子的自身情况都不同，如果家长不承认这一差异性，而是一味地要求孩子达到自己的要求和制定的目标，那只能给孩子造成精神和心理负担，导致孩子失去学习的动力，从而产生各种心理问题。

"你怎么只考了这么一点儿分数,还怎么上重点高中,怎么上重点大学?""你怎么老是考不过某某(邻居家小孩的名字)?""下次考试一定要考全班或者全年级的第几名。"这是很多孩子经常听到的、也是父母时常挂在嘴边的话。

每个父母对自己的孩子都是有要求的,有要求并不过分,但是这个要求一定要合乎自己孩子的能力。

天天今年刚上初中,他的学习成绩一直很好,因为他的父母对他要求很严格。小学时,他的学习成绩就一直是全校前五名。在天天的生活里,除了学习还是学习,就连放暑假和寒假,他也逃不了学习的噩梦。他没有朋友,没有游戏,只有学习。天天知道,自己必须努力学习才能得到爸妈的夸奖,于是,他夜以继日地学习,开始压抑自己的情绪,渐渐地,他的成绩不但没有提升,还下滑了很多。他出现了异常的举动,那就是不允许任何人碰他的头,认为那样会损坏脑细胞,影响智力。再往后天天开始不想出门,不想去学校,最后出现了精神问题。

专家指出,天天之所以出现这样的情况,是因为他太想达到父母的期望,而事实上他又很难做到。于是,为了寻求心理平衡,而呈现出的病理性防御机制,即当人体内心长期备受压抑,不能释放,为了使心理平衡,而通过疾病形式来进行自我保护。

很多家长希望自己的孩子能成才,能成为一个什么都精通的"全才",他们认为孩子现在懂得越多,以后的生活就会过得更好。他们不顾孩子的兴趣和发展规律,给孩子报各种各样的培训班,逼迫孩子以学习为中心。此时,孩子成了学习的工具,生活中除了学习没有其他的乐趣可言。

孩子不管是在生活上还是在学习上的心理承受能力都是有限的,家长如果不顾孩子的心理承受能力一味地给孩子施加学习压力，那么，势必会对孩子的身体和心理造成伤害，物极必反。

> **心理小贴士**
>
> 　　不顾孩子的承受能力而对孩子提出过高要求的父母往往会伤害孩子的身体和心理。每个孩子的承受能力都是有限的，家长在期望孩子成才的时候一定要把握那个度。
>
> 　　高期待的父母是"妖魔"，他们的这种高期待有可能摧毁孩子的内心。孩子一旦达不到父母要求，内心就会恐慌，会产生"自己没用"的想法，因为他太想达到父母的要求但是又没有那样的能力。久而久之，孩子的身体和心理便出现病态的反应，所以父母一定要注意培养孩子的心理健康。

妈妈要重视环境对孩子成长的影响

《荀子·劝学》中云：蓬生麻中，不扶而直；白沙在涅，与之俱黑。说的是蓬长在大麻田里，不用扶持，自然挺直。白色的沙子混在黑土中，也会跟它一起变黑。这就说明事物在好的环境中就能得到健康的成长，如果处在污秽的环境中也会随着那样的环境而变坏。

这就像父母对孩子的教育，古有"孟母三迁"可以为鉴。

孟子很小的时候，父亲就死去了，母亲守节没有改嫁。一开始，他们住在墓地旁边，孟子认识了很多小伙伴，他们一起玩起了办理丧事的游戏，学着大人的样子跪拜、哭嚎，孟母看到后直摇头，心想："不行！我不能让我的孩子住在这里了！"孟子的妈妈就带着孟子搬到市集，市集里有一家屠宰场。孟子又很快认识了新朋友，他们又玩起了如何屠宰猪羊的游戏。孟母知道后，又皱起眉头："这个地方也不适合我的孩子居住！"于是，他们又搬家了。这一次，他们搬到了学校附近。每月初一，官员到文庙，行礼跪拜，互相礼貌以待，孟子见了一一学习记住。孟子的妈妈很满意地点着头说："这才是我儿子应该住的地方呀！"这个故事说明，环境在孩子成长的过程中起着至关重要的作用。

要想孩子健康快乐地成长，家长就要给孩子创造一个良好的学习和生活环境，让孩子在一个积极向上、健康的环境中不断完善自己的内心与内涵。

解放前有一位叫穆时英的青年作家，曾以一本名为《南北极》的小说揭露旧社会黑暗，在当时引起了不小的轰动。当他走进上海的十里洋场后，受到腐朽生活的影响，竟也歌颂起那些醉生梦死的生活来。

环境是影响一个人发生变化的重要因素。一方水土养育一方人，在不同的环境中生长的孩子对于生活对于人生的理解是不一样的。但是孩子不能主动去选择环境，因为他们还没有一个成熟的世界观，所以如何给自己的孩子创造一个优良的生活和学习环境，就是家长应该考虑的问题。

环境并不是影响一个有着自己思维能力的人的先决条件，但是对于孩子来说，他们的身体心理方面还不完善，他们没有一套完整的属于自己的思维方式，也没有一套完善的自我认知系统，所以这时候，家长给予他们的环境就显得尤为重要。在良好的生活和学习环境中成长的孩子必是健康乐观的。

> **心理小贴士**
>
> 环境不是影响一个有着自己独立思维能力的人的先决条件，但是环境却能影响一个自身思维能力和认知系统都不完善的人。
>
> 人或者事物在好的环境里必将成长得很优秀，但是在坏的、污秽的环境里生长就有可能变坏。俗话说："近朱者赤，近墨者黑"。

那些恶劣的环境会影响孩子一生

孩子在成长的过程中难免遇到许多亟待解决的问题，可能他们并不能处理得很好，这时候，就需要父母为孩子提供一个健康干净的学习环境，以解决孩子在生活中碰到的各种问题。

家长在教育孩子的过程中不要过度强调物质方面，而要更加注重孩子的精神世界，要为孩子营造一种积极健康，温馨和谐的成长氛围。所有的家长都要注意，自己在不经意间创造的环境极有可能葬送自己的孩子。比如以下四种环境：

第一，父母离婚。家庭环境对人的影响最深刻，家庭生活给人身心发展打上的烙印终生难以磨灭，在人的一生中起着重要作用。但是，如果父母离婚，那么，这将是一个残缺的家庭，孩子的一些心理需求得不到满足，孩子就很容易接近崩溃的边缘。在这种情况下，孩子们会自卑、不合群，觉得自己在同学朋友中是异类。

第二，父母对于教育孩子的认知不一致。一旦父母对于教育孩子的认知不一致，通常会发生争吵，而孩子就是争吵的主题。态度不一致会导致父母在教育孩子的时候没有方向性，缺乏全局性，这样会让孩子无所适从，也会让孩子情绪不稳定，造成孩子学习成绩下滑和心理上的积郁。

第三，父母不要一味用金钱来诱惑和激励孩子。就像某些家长告诉自己的孩子，今天你帮助几个人，我给你多少钱的奖励，今天你完成多少作业，我给你买什么样的礼物，这无疑是打着教育的幌子贿赂自己的孩子，这不仅达不到激励自己孩子的目的，还会打击孩子学习的积极性。

第四，父母要尊重孩子的生活习惯，切勿娱乐过度。有的父母喜欢约一帮朋友到自己家里打牌，这些行为都是无可厚非的。但是如果父母在娱乐上花费过多的时间和精力，就会影响孩子正常的作息规律，而嘈杂的家庭环境致使孩子不能安心地学习，从而影响孩子的学习。

父母在教育孩子的过程中一定要避免以上四种对孩子不利的环境，因为孩子一旦生活在那样的环境中极有可能被摧毁。

没有良好的家庭氛围，就没有良好的教育，也就没有良好的生活和学习习惯，孩子就不会有良好的行为。不难发现，那些违法犯罪青少年，多半是因为没有一个良好的成长环境。孩子如果长期生活在恶劣的环境里，对世界的认识自然会有所歪曲。

心理小贴士

孩子的成长和教育需要一个好的环境，而这种环境需要父母去为他们积极地创造。所以，家长要学习孟母三迁，时刻注意孩子的动向，让孩子远离以上四种不良的生活环境。要想孩子健康地成长，就要让孩子拥有一个健康的心理，而健康的心理来自孩子成长的优良环境。

尊重孩子，就要重视孩子的感受

现在的很多家庭是父亲一门心思扑在工作上，而母亲在工作的同时还要照顾整个家。对于孩子的教育也是一样，父亲总是偏向全局，母亲则会比较细腻。但是很多妈妈却发现孩子不喜欢和自己沟通了，在不劳烦孩子的父亲但又不能解决孩子问题的时候，母亲就会显得十分孤独。

她们都是为了孩子好，孩子怎么就不理解？

在彩虹幼儿园，有两个可爱的小朋友，一个叫甜甜，一个叫欣欣。这天，她们一起玩滑梯，甜甜不小心被欣欣从滑梯上推下来擦伤了，额头出了点儿血。出事后，老师分别对她们进行了教育，并通知了两个小朋友的家长。

其实，这只是虚惊一场，欣欣妈妈知道欣欣把甜甜弄伤后，诚恳道歉，甜甜也说没事，但甜甜妈妈赶到后，看到受伤的甜甜，立即横眉怒目，对欣欣妈妈说："这个时候不检查，以后出了毛病谁负责？再说，摔了我的宝贝，就这样不声不响地完事啦？"

甜甜被妈妈拉着，去儿童医院转了半个楼，开了一大堆化验检查的单子，欣欣父母陪着，双方的态度越来越微妙。其中的尴尬，连6岁的甜甜都看出来了，出门时，她抱怨道：妈妈，你真丢人！甜甜妈妈有些摸不着头脑，理不是在咱们这边吗？

甜甜妈妈觉得自己很委屈，明明理在她们这边，自己也是为了孩子好，怎么就不被孩子理解呢？她觉得孩子有点儿以自我为中心。但是甜甜妈妈没有想过，如果自己的孩子以后不懂得对别人宽容，说不定就是自己的原因。

可能很多父母在教育孩子这一问题上，有这样的态度：他们告诉孩子要寸土不让。其实，这是将敢于为自己争取和与人争抢相混淆了，这样教育出来的孩子，即使在未来社会能力突出，那也是刻薄自私的孩子，很难与人合作，不会取得什么大成就。事实上，孩子之间的摩擦并不是什么大事，为什么不能一笑了之呢？放手由孩子自己去处理伙伴间的矛盾，对其未来的人际交往能力，将有莫大的益处。

孩子虽然还小，但他还是有自己的思维方式的，他们在成长的过程中也会慢慢地具有辨别是非的能力。孩子小并不代表他们什么都不懂，很多父母在抱怨孩子不理解他们的时候，根本没有检讨自己，没有想过孩子眼中的自己是什么样的。正是因为他们一直忽略了孩子的感受，孩子才会离他们越来越远。

> **心理小贴士**
>
> 　　家长在埋怨孩子不理解自己的时候也要自我检讨一下，看自己哪里做错了，不要以为自己是成年人，就能够分辨是非黑白。不要将本来并不严重的事情严重化，这样不仅会使孩子受到伤害，也会影响与周围人之间的关系。
>
> 　　想让孩子在充满关爱的环境中长大，父母就要学会倾听孩子的意见。孩子虽然还小，但是也有他看待问题的方式。

儿童认知发展过程中，遗传只是其中一项基础

很多人喜欢用遗传来判断一个孩子是否聪明，比如，某家的小孩成绩一直不好，他们就会说他的父母就那样，孩子能聪明到哪儿去；又如，一个孩子

非常聪明，学习成绩非常好，他们就会说那孩子的家长多么多么优秀。

但是我们要知道，儿童认知的三个条件——遗传、环境和教育是互为前提的，儿童的遗传和生理发育是前提，没有这二者，孩子将失去发展的可能。但事实上，无论遗传基因多么好，如果没有教育和环境的作用，那么，孩子也没有可能发展。许多事实和研究表明，没有正常的生活环境和教育方式，人的遗传特质便不会得到正常的发展。

美国有这样一位女孩，直到她被发现的前13年，她都没与人接触过，尽管她也是被人类养大的。科学家发现，她的生理和心理没有任何的发展。可见，对人的发展影响较大的不是物质环境而是社会环境，尤其是有意识的教育活动。

现代社会，很多研究者对这一研究产生了兴趣，并且他们开始以一种动态的分析方法去研究遗传和环境因素之间的关系。他们认为，任何一种因素都不可能单独起作用，而是与另外的因素相互渗透、相互影响。

然而，很多人把教育的失败归结为遗传的影响，其实，这是很片面的，我们不能单纯地凭借遗传的作用来定义教育是否成功。每个人或多或少都会受遗传的影响，但是如果他不能生长在一个比较好的生活和学习的环境，那么，他的心理就会有缺陷。

"橘生淮南则为橘，橘生淮北则为枳"。同样的事物在不同的环境中就会发生不同的变化，环境的变化对于人也是一样的。孩子生长在一个什么样的环境，他就有可能成长为一个什么样的人，不管家长的智商如何，如果他们不能给孩子提供一个良好的教育环境，那么，孩子教育失败的概率就会一直上升。

> **心理小贴士**
>
> 良好的遗传因素和生理发育只是孩子认知发展的物质基础，再好的遗传也不能脱离孩子当时所处的环境而单独起作用。
>
> 家长要想成功地教育孩子，就要为孩子创造一个良好的生长和学习环境。要让孩子的心理健康发育，不仅要注意孩子生长的社会环境，也要注重孩子生长的家庭环境，遗传永远不是教育失败的借口。

好妈妈要了解孩子最需要什么样的成长环境

每个家长都希望自己的孩子能受到最好的教育，成长为最优秀的人。这就需要家长时刻了解孩子最需要的是什么样的学习和生活环境。

专家认为：家长为孩子提供良好的学习环境，可以从两个方面着手：一是硬环境，即孩子学习的物质条件；二是软环境，即利于孩子学习的家庭氛围和社会环境。

这样明确区分以后，家长就要从如下四个方面满足孩子的需要：

第一，为孩子专设一处学习的小天地。为保证孩子有效地学习，家长有必要在家里选择一处光线最好、最僻静的地方作为孩子学习的固定位置。孩子可以在专属于他自己的地方生活和学习，而不受大人的打扰。这样既能提高孩子的学习积极性，也能提高孩子的生活独立性。如果哪个家庭做到了这一点，则表明这个家庭对孩子的学习极其重视。

第二，为孩子提供一个宽松的精神空间。在学校，孩子接受的是一种严厉的管教方式，如果回到家，父母还是对他们严加管教，那么，他们的神经就会绷得紧紧的，这样的生活环境，既不利于孩子的身心健康，也不利于孩子的学习。因此，家长不要为了管教孩子而继续实施学校的教育方式。对于那些学习吃力的孩子，家长最好不要变本加厉、批评孩子，而应该耐心疏导、正面鼓励，帮孩子找到正确的学习方法。而对于学习顺利的孩子，也要帮助孩子解放思想，培养其创造性和创新意识。有关研究表明，孩子是否有创造力和创造力如何，是与家庭环境有莫大的关系的。如果家庭不民主，对孩子过多地训斥、支配，那孩子就会思维刻板、呆滞、创造力低下。对具有创造力孩子的家庭进行调查发现，这些孩子的父母有个共同点：他们主张地位平等，允许孩子自由表达个人的观念等。

第三，为孩子创建一个民主和谐的家庭氛围。家长不要总想着怎么命令孩子、强迫孩子接受自己的想法，而应时刻让孩子说出自己真实的想法，然后双方共同作出调整。与此同时，家长还可以时不时地开个家庭小会，和孩子一起畅谈。

第四，培养孩子独立的意志，在保护孩子的同时让孩子慢慢接触外面的社会。每个孩子都会长大，家长不可能永远地保护他们，未来的路还要孩子自己来走。这时候，家长培养孩子独立的意志和对社会的认知是很有必要的。

环境教育包括家庭环境、社会环境和学校环境。孩子在学校的时候会有老师教育他们该怎么学习和生活；回家家长要给孩子提供一个宽松的家庭氛围，让孩子在学习之余慢慢接触外面的世界。家长只有处理好这几方面的关系，才能让孩子在一个优良的环境中健康地成长。

> **心理小贴士**
>
> 瑞典教育家爱伦·凯指出：环境对一个人的成长起着非常重要的作用，良好的环境是孩子形成正确思想和优秀人格的基础。
>
> 作为孩子的父母，要了解什么样的环境才是最适合孩子成长和学习的，给孩子提供一个适宜的环境就能培养孩子健康的心理，让孩子在充满爱的环境中自由快乐地成长。

孩子喜欢以父母的行为为准则

很多家长纳闷儿：为什么一夜之间就不了解自己的孩子了，他们对于孩子的某些行为觉得很不可思议。在孩子们向他们发脾气的时候，孩子的行为通常让他们觉得莫名其妙，很多家长完全不知道为什么家庭中出现了那么一个令自己很头疼的"小冤家"。

但是每一件事情的发生总是有其理由的，孩子变成家长眼中的"小冤家"其实也是有原因的。

小俊已经8岁了，上小学二年级，现在的他和以前不大一样了。以前的小俊很听话，但上学后，他认识了一些同学，眼界开阔了，也很喜欢一本正经地跟爸爸讨论一些问题，经常弄得爸爸不知所措。更大的变化是，小俊脾气变大了，白天遇到不顺心的事，一回到家便开始大发雷霆，然后气呼呼地冲进自己的房间，重重地把门反锁，无论爸爸妈妈怎么劝说，他都不开门，直到怒气消了，他才跟没事人似的从房间走出来，他的改变让父母伤透了脑筋。

为此，小俊的爸爸常常向妻子抱怨：孩子脾气大，全是她惯出来的。妻子静静地说："难道你没有感觉到，他的这种行为很像你吗？你平时生气比孩子厉害得多！"

很多家长总是觉得孩子还小，什么都不懂，所以他们在孩子面前的言行也就显得十分随意。殊不知，孩子有着超强的接受能力和模仿能力，家长的言谈举止都是他模仿的对象。就像小俊的父亲，他一时气极所做的事情竟会被自己的孩子所模仿，但是他却浑然不知。

很多家长不知道自己在不经意间的行为也会被孩子所模仿，孩子在没有自己完善的认知系统之前会习惯性地去模仿别人的言谈举止，而父母跟孩子相处的时间最长，孩子最信任的还是自己的父母，所以他们最喜欢模仿的必然是自己的父母。

作为家长，在自己的孩子面前一定要注意言行举止，因为家长随时都会成为幼儿模仿的对象，所以家长要给孩子树立一个好榜样。在一个普通的家庭中，父母往往以"权威"的形象出现，他们的生活习惯也会对孩子产生潜移默化的影响。

模仿是多数孩子喜欢做的事情，他们喜欢模仿与自己亲近和喜欢的人，他们会注意自己喜欢的人的每一个变化，但是他们觉得家长的每一个动作和表情都是对的，都是好的，分辨不清什么该学，什么不该学。所以家长在和孩子相处的时候更要注意自己的一言一行。

📖 心理小贴士

父母最好给孩子提供一个良好的环境，让他可以在这样的环境中

> 自由健康地成长。身为家长也要以身作则，注意自己在生活中的一言一行。其实，家长眼中的"小冤家"深受自己的影响。
>
> 喜欢模仿是孩子的天性，但是因为他们的认知系统还不完善，所以他们分辨不清自己模仿的是对的还是错的，这时候，就需要父母来告诉孩子怎么做才是正确的，孩子最信任的总是自己的父母，所以也最容易接受父母灌输给他们的知识和习惯。在教育方面，父母总是孩子最好的老师。

在父母总是吵架的环境下，孩子的成长会受到影响

只要是家庭，就不可能每天都是风平浪静的，夫妻之间时而争吵是在所难免的，但是在争吵之前最好考虑一下孩子的感受，想要成为睿智的父母，就得理解孩子的感受。大多数父母在争吵的时候不顾及孩子的想法，从而忽略自己的孩子。

彤彤今年5岁，只要父母一吵架，他就选择离家出走。有一次，他出门后走了十多分钟便迷路了，幸好被经过的邻居看到了，才把彤彤带回了家。

还有一个小男孩叫小亮，他也差点儿走失。

这天，在一条乡村公路上，有个司机看到一个小男孩在哭，然后，司机给派出所打了电话，很快，民警便赶来了。但无论民警怎么询问，小男孩什么都不说。安抚孩子一阵后，民警将其带回派出所，这时，孩子的情绪才逐渐稳定下来。

经询问，原来小男孩叫小亮，由于父母吵架，6岁的小亮听不下去了就自己跑了出来，结果迷路了。小亮根本不记得爸爸妈妈的电话，也记不清家里的地址，民警只好根据小亮爸爸的名字来查找，很快，民警找到了小亮父亲的工作单位和电话，及时与小亮的父亲取得了联系。一接到电话，孩子的父母就赶紧赶到派出所，激动地拉着民警的手，感谢之情溢于言表。民警也提醒家长，即便夫妻间发生矛盾也应多关心和照看小孩，以防发生意外。

父母吵架的时候会让孩子没有安全感，也更容易忽略孩子在这段时间的所作所为，从而导致意外发生，让他们措手不及。因为当孩子看到或听到父母吵架时，就会以自己最直接的认知来认为父母不爱对方了，他们要离婚了，看到父母的苦恼、失控再加上自己的认知，孩子们常常感到不安全和恐惧。

而且，父母在吵架的时候，孩子会担心父母一方在失控的时候会伤害另一方，他们想要阻止父母吵架，但是因为自己没有能力，所以他们会感觉挫败。其实，他们不能理解父母有时候吵架完全是为了释放内心的压力。

这时候，父母就应该学会在不伤害孩子的前提下解决自己的问题，因为恐慌父母的关系不利于孩子健康成长。

> **心理小贴士**
>
> 孩子的内心总是最脆弱的，他们不能完全理解父母每一个行为的含义，他们只能感受最直观看到的。
>
> 父母的每一个行为习惯都会给孩子造成潜移默化的影响，致使他们产生不安全和恐慌的感觉，从而不利于孩子的成长，作为父母，为孩子提供一个优良的生活和学习环境至关重要。

参考文献

[1] 章如庚. 妈妈要读点教子心理学[M]. 北京：中国纺织出版社，2013.

[2] 汤笑. 教子心理解惑[M]. 北京：中国城市出版社，2004.

[3] 斯莱文. 教育心理学[M]. 北京：人民邮电出版社，2016.

[4] 阿德勒. 儿童教育心理学[M]. 北京：中国水利水电出版社，2022.